AF232689

DE LA CONVERSION

DES RENTES.

DE LA CONVERSION

DES RENTES

CONSIDÉRÉE

SOUS LE RAPPORT DES INTÉRÊTS PARTICULIERS,

DE L'AMORTISSEMENT

ET DU CRÉDIT PUBLIC;

PAR

M. DE TESSIÈRES-BOISBERTRAND,

DÉPUTÉ DE LA VIENNE.

A PARIS,

CHEZ PÉLICIER ET CHATET, LIBRAIRES,

PLACE DU PALAIS-ROYAL.

1826.

DE LA CONVERSION
DES RENTES.

AVIS PRÉLIMINAIRE.

Un système de finances a été présenté à l'examen des Chambres ; il a reçu leur approbation ; il a été transformé en loi, et pourtant on met tout en œuvre depuis trois ans pour le déprécier. Est-il donc vicieux, ce système ? Est-il fondé sur l'injustice ? Est-il contraire aux intérêts de l'État ? Est-il funeste au crédit public ? Beaucoup de gens sont disposés à le croire, parce qu'ils l'entendent dire tous les jours. Triste exemple de la facilité avec laquelle on peut égarer le public ! Plus triste exemple du peu de confiance qu'il faut accorder à l'autorité des réputations les mieux établies ? Des hommes graves, des hommes dont il n'est possible ni de suspecter la bonne foi dans une controverse aussi importante, ni de contester le mérite et les lumières, affirment depuis trois ans qu'il y a injustice dans le principe qui régit l'amortissement, et déloyauté dans la manière dont ce principe est appliqué ; ils soutiennent que la fortune de l'État est compromise ; ils déclarent que le nouveau système a ruiné le crédit : et pourtant, rien de tout cela n'existe, et c'est le contraire de tout cela qui existe ! Ils accusent l'auteur de ce système; ils accusent les majorités des deux Chambres, et l'auteur du système ; et les majorités des deux Chambres pourraient les accuser eux-mêmes, non-seulement au nom de la loi, à laquelle tout Français doit respect quant elle a reçu la sanction des trois pouvoirs, mais encore au nom de la raison positive, qui ne permet pas de blâmer ce qui est bon, ce qui est juste, ce qui est utile, et qui attache une sorte de responsabilité à la propagation des erreurs dont l'effet est de jeter le trouble dans un grand royaume et d'en retarder la prospérité.

Est-ce donc que, dans cette question si importante, la vérité serait enveloppée d'un voile assez épais pour se dérober à tous les regards ? Est-ce que, par une fatalité inouie, le calcul se prêterait à la divergence des systèmes et à toutes les fantaisies de l'erreur? Est-ce que l'arithmétique n'aurait plus de règles certaines qui pussent être appliquées à cette grande opération ? On serait conduit à le penser, si l'on en jugeait par les volumes de calculs contradictoires que l'on a publiés depuis l'époque de la conversion des rentes. Mais quiconque a étudié les sciences mathématiques sait que le calcul, toujours exact dans ses combinaisons, conduit à des résultats erronés lorsqu'on l'applique mal. Tout le monde peut faire un calcul bien préparé; mais tout le monde ne peut pas apercevoir une question compliquée sous son véritable point de vue ; tout le monde ne peut pas distinguer les véritables données d'un problème, et assigner à chacune de ces données le rôle qu'elle doit remplir dans le calcul. Aussi la solution complète des questions relatives au crédit public est-elle bien plutôt du ressort des sciences mathématiques que du ressort de la science financière. Celle-ci crée sans avoir besoin d'entrer dans l'examen de tous les détails;

c'est le génie de la chose, c'est le propre de l'homme d'É-
tat, dont le coup-d'œil va droit à la vérité par une voie
aussi sûre et plus rapide que celle du calcul ; mais l'analyse mathématique seule peut porter la lumière dans l'examen de ces détails ; et si le financier n'est pas versé dans
cette science de l'analyse, il se trompera, parce qu'il fon-
dera ses calculs sur des bases erronées. C'est ce qui est arrivé à des hommes qui jouissent parmi nous d'une grande
réputation d'habileté en finances. Je ne crains pas de le
déclarer, car je le prouverai, rien n'est exact dans ce
qu'ils ont dit sur le principe qui règle l'action de l'amortissement, sur la manière dont ce principe a été appliqué
depuis l'époque de la conversion, sur l'injustice commise
à l'égard d'une certaine classe de créanciers, sur la prétendue déception offerte à une autre classe, sur les pertes
éprouvées par le Trésor, et enfin sur les effets de la loi de
conversion relativement au crédit public. Je dis que *rien*
n'est exact, je prends ce mot dans le sens le plus absolu.
Qu'on lise, on verra, et l'on jugera.

J'ai vu le monde social de trop près, et j'ai trop bien
observé ce qui s'y passe pour ne pas comprendre, comment quelques hommes peuvent, en parlant toujours
avec une certaine assurance, égarer une partie de l'opinion publique : il y a tant de gens dont l'esprit, incapable
de méditation, ne se nourrit que de pensées toutes faites !
C'est une chose si commode, si profitable même, que d'u-
ser de l'esprit d'autrui comme du sien ; on marche si
aisément dans la voie de l'erreur quand on y marche en
nombreuse compagnie ; on rencontre tant d'obstacles, au
contraire, et tant de difficultés à vaincre dans la voie, souvent solitaire, de la vérité ! Faut-il donc s'étonner de ce
que l'erreur a presque toujours, ou paroît avoir de si
nombreux défenseurs ? Il y aurait une grande simplicité
d'esprit à croire qu'une vérité positive, qu'une vérité évi-

dente même, sera toujours saisie, accueillie, admise sans contestation par la multitude.

Les choses ne vont pas si facilement pour la vérité : elle n'a pour soutien que la raison ; et la raison, dans nos sociétés humaines, se hâte lentement. Il ne lui fut pas donné de paraître la première sur cette scène de tumulte ; toutes les erreurs doivent s'y succéder avant qu'elle y paraisse ; elle vient lorsque toutes les erreurs ont passé ; elle vient, comme la postérité, pour remplir un vide. Heureusement, le temps l'amène toujours : car, aucune erreur ne peut vivre, non plus qu'aucune passion ; et sur chaque question, le nombre des erreurs est limité. Si l'esprit humain ne peut pas les repousser toutes à la fois, il parvient, du moins, à les juger, à les écarter l'une après l'autre ; et tôt ou tard il arrive à ce qui est vrai, par l'exclusion de tout ce qui est faux.

Ce que je viens de poser en principe général s'applique à cette haute question d'intérêt public sur laquelle, au grand préjudice de notre pays, on discute si malheureusement et depuis si long-temps. C'eût été un prodige qu'une pareille opération pût s'accomplir sans rumeurs, dans un temps où chacun a la faculté légale de publier ce qu'il croit ou ce qu'il dit être son opinion. Aussi les choses ne se sont-elles point ainsi passées. L'erreur a usé de ses droits ; elle a répandu, elle répand encore par toute la France ses faux argumens et ses faux calculs ; elle a trouvé des esprits dociles, elle en trouve encore : mais son temps s'achève, et la vérité ne tardera pas à paroître. Quelques voix se sont déjà élevées en sa faveur ; je viens à mon tour l'annoncer ; j'y viens appuyé sur les principes fondamentaux d'une science qui ne permet pas le doute, et contre laquelle aucune autorité ne saurait prévaloir, quelque imposante qu'elle soit ; j'y viens avec une assurance que je n'aurais pas en toute autre matière. Plus jaloux de convaincre que de plaire, je déclare hautement, nettement, à ceux qui croient l'État engagé dans la voie de l'injustice et du dommage, qu'ils se trompent. Je leur en apporte les preuves. Qu'ils les examinent, non pas avec cette demi-volonté qui ne fait qu'effleurer les questions les plus ardues, mais avec cet esprit de méditation qui veut atteindre la vérité pour la reconnaître, ou l'erreur pour la combattre ; et, j'ose leur en donner l'assurance, ils changeront d'opinion : car, nul ne peut méconnaître la vérité mathématique, et c'est celle-là que je leur annonce. J'entre en matière, et d'abord je vais traiter la question de l'amortissement, sur laquelle des doctrines erronées en tout point ont été récemment professées à nos tribunes politiques.

CHAPITRE PREMIER.

Du principe qui régit l'amortissement, et de la justice de ce principe.

ON a troublé la conscience publique sur le principe qui régit l'amortissement. Les gens de bien, aux yeux desquels la justice est le premier de tous les intérêts, comme le premier de tous les devoirs, se demandent avec inquiétude s'il est vrai que ce principe ne soit pas conforme aux règles de la justice. On leur a parlé de partialité, de droits méconnus, de spoliation, d'abandon, de manque de foi. Ces mots, dont le sens est si odieux, ont alarmé leur loyauté. Mais un mot n'est pas une vérité. Cherchons donc la vérité. Voyons : Quel est le principe qui régit l'amortissement, et que veulent ceux qui le blament ?

D'après ce principe, *l'amortissement agit sur le fonds le plus éloigné du pair,* et l'opposition veut que l'on partage l'amortissement entre les deux espèces de rentes, dans une proportion qu'elle ne détermine pas, mais qui serait, sans doute, calculée sur les deux masses en circulation. Eh bien, le principe est juste, puisqu'il tend à maintenir le niveau entre les deux rentes, puisqu'il y tend exclusivement, et qu'il ne saurait avoir d'autre résultat. Le système qu'on veut y substituer est injuste : car, conserver une partie de l'amortissement à celle des deux rentes qui se trouverait plus rapprochée du pair, c'est-à-dire à celle qui se vendrait à un prix supérieur, toute proportion gardée, ce serait soutenir cette inégalité proportionnelle ; ce serait refuser à la rente qui est le plus

en souffrance le secours dont elle a besoin pour se re-
placer au niveau de l'autre. En bonne et véritable justice,
vous devez tout votre appui au fonds qui perd le plus,
tant qu'il se trouve dans cette situation : et s'il en change,
s'il reprend le dessus, vous devez immédiatement le même
secours à l'autre fonds jusqu'à ce qu'un nouveau changement de position vous ramène encore vers le premier.
Or, c'est là ce que l'on fait, et c'est là ce que ne veut pas
l'opposition. Que l'on juge.

Il résulterait du système appartenant à l'opposition,
que si l'une des deux rentes demeurait constamment au-
dessous de l'autre, l'État serait condamné, non-seulement
à la laisser périr sans pouvoir lui porter un secours plus
efficace, mais encore à favoriser l'inégalité toujours crois-
sante. Encore une fois, que l'opposition apprécie elle-
même la justice de son système.

Il en résulterait encore, pour l'État, l'étrange obligation de consacrer, sans y être contraint par les règles de la
justice, et même en violant les règles de la justice, une
partie de ses fonds à des rachats moins avantageux que
ceux qu'il pourrait faire. Ainsi, l'opposition veut que l'État
soit dupe et injuste à-la-fois : voilà son habileté qu'elle
vante si fastueusement !

Serait-ce donc que l'on aurait pris avec les porteurs du
5 pour 0/0 l'engagement formel de leur consacrer exclusivement et à jamais la totalité de l'amortissement ? Il ne
faudrait rien moins, en effet, qu'un engagement de cette
nature pour lier ainsi l'État, et pour le contraindre à faire
une chose également contraire à la justice et aux intéré s
des contribuables. Toutefois, s'il existait, cet engagement, il faudrait s'y conformer; car la foi publique passe
avant tout. Mais je ne connais aucune loi, aucun acte du
Gouvernement qui déclare, soit implicitement, soit explicitement, que la Caisse est exclusivement destinée au

5 pour 0/0, ou qu'elle ne pourra agir que sur une portion de la dette. — On a dit quelque part, je crois, que cette convention devait être considérée comme tacitement faite, parce que la caisse d'amortissement, créée dans un temps où le 5 pour 0/0 existait seul, n'avait pu être affectée qu'à cette espèce de rente. — Mais le bon sens dit, au contraire, que l'amortissement dont la destination légale et naturelle est d'agir sur la totalité de la dette présente et future, n'aurait pu être exclusivement consacré à une partie de cette dette que par une convention formelle ou par une loi spéciale. Tout le monde le sent, tout le monde le reconnaîtra, ce n'est point dans l'intérêt de tels ou tels créanciers que la caisse d'amortissement a été établie, mais bien dans l'intérêt collectif de tous ceux qui l'étaient ou qui pouvaient le devenir, puis, dans l'intérêt de l'État, dans l'intérêt du crédit, et sur-tout dans l'intérêt des contribuables. Aussi, la loi qui s'y rapporte ne renferme-t-elle qu'une seule disposition, savoir : la défense de racheter au-dessus du pair; et cette défense n'est assurément pas faite dans l'intérêt des créanciers, car rien n'y saurait être plus contraire ; elle n'est pas même dans l'intérêt du crédit, car elle tend à en arrêter l'essor; elle est tout entière dans l'intérêt des contribuables. En réalité, l'institution de l'amortissement a été fondée pour racheter la dette à un taux inférieur au taux du remboursement, pour soulager ainsi les contribuables, pour faciliter par ces rachats les emprunts ultérieurs dont l'État aurait besoin, et pour soutenir le crédit au niveau des emprunts déjà faits. Je dis au niveau des emprunts déjà faits, parce qu'en effet la loi ne veut pas que, pour le porter plus haut, la Caisse d'amortissement agisse sur le fonds qui a dépassé le taux de sa valeur nominale, tant il est vrai que, aux yeux de la loi, l'intérêt des contribuables est le premier de tous les intérêts, puisqu'elle le place même au-dessus de celui du crédit. Ainsi

donc, il n'y a pas plus de convention tacite que de convention réelle.

En droit comme en fait, le Gouvernement peut, le Gouvernement doit diriger l'action de l'amortissement selon le plus grand avantage des contribuables : et il n'y a ici d'autre question à résoudre que celle de savoir quel fonds il faut racheter pour obtenir ce plus grand avantage, quel que soit d'ailleurs le nombre, et quelle que soit l'espèce des rentes mises en circulation.

Or, c'est là précisément ce que l'on fait, et c'est ce que ne veulent pas les adversaires du Gouvernement. La conséquence est claire ; je me dispense de la déduire.

Mais en admettant même l'étrange argument de l'opposition, s'ensuivrait-il que les porteurs actuels du 3, qui étaient primitivement des porteurs de 5, ont perdu, en passant de l'un à l'autre fonds, leur droit au secours de l'amortissement ? Si l'on veut soutenir une pareille doctrine, apparemment on nous démontrera qu'ils ont fait ce sacrifice en faveur de ceux qui sont restés dans le 5 pour 0/0 ; on nous dira pourquoi ils ont dû le faire, et comment ceux-ci ont acquis le droit de l'exiger : ou bien il faudra nous expliquer comment un créancier qui sacrifie une partie de son revenu à la condition de pouvoir, par compensation, vendre son fonds à un prix plus élevé, perd auprès de l'État, auquel il fait ce sacrifice conditionnel, le droit d'en attendre le secours qui seul peut lui procurer cette compensation.

Et si l'on veut bien se rappeler que la faculté de convertir a été offerte à tous les créanciers de l'État ; qu'il s'agissait alors d'opter entre la conservation du même intérêt sans accroissement de capital, et une perte réelle d'intérêt avec des chances d'accroissement de capital ; que les porteurs du 5 ont préféré la conservation du plus gros intérêt, et renoncé par conséquent aux chances d'accroissement de capital, tandis que les porteurs du 3 ont donné la préférence à l'augmentation du prix de vente, on verra qu'il ne serait pas difficile d'en conclure, que, loin d'avoir acquis sur l'amortissement des droits supérieurs, les porteurs actuels du 5 en ont de moins réels, de moins étendus que les porteurs du 3. — Mais on nous dirait avec quelque raison que la conversion était facultative; qu'en s'y refusant, les créanciers de l'État n'ont perdu, ni pu perdre, aucun droit acquis; qu'ils sont restés dans le 5 comme ils y étaient entrés, sous la garantie de la foi publique; qu'on leur doit, aujourd'hui comme alors, la protection qui leur avait été accordée, la seule qu'on puisse leur donner, celle de l'amortissement. Ces objections ne seraient pas à beaucoup près sans réplique; et une logique rigoureuse pourrait bien en réduire la puissance apparente. Mais nous voulons être larges dans nos concessions; nous admettrons donc ces raisonnemens dans toute leur force; il restera toujours que le droit des porteurs du 3 est au moins égal à celui des porteurs du 5; et que, en faisant même abstraction de ce qui importe au crédit public et du premier de tous les intérêts, celui des contribuables, l'amortissement est dû à ceux-là tant que leur fonds est, proportion gardée, plus éloigné du pair, de même que cet amortissement serait dû à ceux-ci dans le cas contraire.

Encore un mot, pour donner à la vérité toute la clarté dont elle est susceptible. Y a-t-il un homme de bonne foi qui puisse nous dire que le Gouvernement n'avait pas le droit de faire un nouvel emprunt à 5 pour 0/0, et de porter l'amortissement sur ce nouvel emprunt comme sur l'ancienne dette? Quelqu'un oserait-il déclarer que si l'État eût fait ce nouvel emprunt à 5 pour 0/0, l'amortissement aurait dû être exclusivement réservé à l'ancienne dette, ou partagé même entre les deux masses? Assurément une pareille assertion serait prise en pitié. Et pourtant, quelle différence y a-t-il entre cette proposition et celle que l'on soutient aujourd'hui? La voici, cette différence : c'est que le droit des porteurs du nouveau 5 pour 0/0 serait plus sujet à contestation que le droit des porteurs du 3 , puisque ceux-ci sont d'anciens créanciers, et puisqu'ils partageraient avec les anciens porteurs du 5 le droit exclusif au secours de l'amortissement, s'il était vrai que ce droit exclusif leur eût été concédé.

Ainsi, l'absurde est par-tout dans le système de nos adversaires. — Ils ne pourraient nous présenter qu'une objection raisonnable, quoique insuffisante : cette objection consisterait à dire que, par l'effet de la conversion, la position des porteurs du 5 a été altérée, et que par suite de cette altération ils ont acquis sur l'amortissement un droit exclusif, ou du moins un droit de partage qu'ils n'avaient point auparavant. — Or, il n'est pas vrai que les porteurs du 5 aient acquis un droit exclusif; car il faudrait, pour cela, que les porteurs du 3 eussent perdu celui qui leur était acquis au même titre; et j'ai démontré que, loin de l'avoir perdu, ils en jouissaient à plus de titres encore. Quant au droit de partage, il ne saurait être fondé que dans le cas où la position des porteurs du 5 serait devenue moins avantageuse; or, je promets de démontrer, et je démontrerai dans la discussion mathématique, qu'au lieu d'être plus mauvaise, cette position est devenue meilleure. La dernière objection tombe donc d'elle-même, et le système tombe avec elle.

N'oublions rien ; car, aux yeux d'une opposition si indulgente pour ceux qui parlent dans son sens, tout devient criminel de la part de ceux qui la combattent quand elle a tort; et l'oubli le plus involontaire est réputé aveu de l'impuissance, sinon ruse de la mauvaise foi. Dieu sait comme on juge sainement les hommes et les choses avec une méthode si honorable pour l'humanité! Mais enfin, il faut se tenir bien averti lorsque, pour amener le triomphe de la justice et de la vérité, comme pour servir son pays, on ose déclarer que le Gouvernement a raison et que l'opposition s'est trompée; il faut ne rien omettre, afin que l'on ne vous accuse pas d'avoir éludé une prétendue difficulté.

A défaut d'une loi, à défaut d'une convention, à défaut de principes de justice légale ou d'équité naturelle, on a parlé plusieurs fois d'un engagement contracté par le ministre des finances de faire porter l'amortissement sur le 5 aussitôt que cette valeur serait tombée au-dessous du pair. Si le ministre eût pris un pareil engagement, il aurait eu tort, grand tort; car, il n'appartient pas à un ministre d'en prendre au nom de l'État; le Roi seul peut en prendre, dans tout ce qui est du ressort de l'ordonnance; et les trois pouvoirs réunis auraient seuls ce droit dans ce qui doit être réglé par la loi, ou plutôt les engagemens de cette nature n'existent et ne peuvent exister que dans la loi elle-même. Le ministre apparemment ne l'ignore pas, puisque, plusieurs fois, et tout récemment encore, il a posé lui-même ce principe à la tribune de la Chambre des Pairs. Disons plus, il n'a jamais contracté ce prétendu engagement.

Est-ce la mémoire, est-ce la logique de ses adversaires qui se trouve en défaut sur ce point? Je l'ignore; mais assurément c'est l'une ou l'autre. Le *Moniteur* en fait foi; car on y trouve bien, sous la date du 30 avril 1825, cette phrase, ou plutôt ce membre de phrase qui d'abord paraît justifier l'accusation : « On insiste ce-
» pendant, et l'on soutient que les petites rentes jetées
» sur la place sans acheteurs produiront du désordre, et
» feront tomber le 5 p.ᵣ 0/0; si cela était vrai, le remède

» serait à côté du mal, puisque aussitôt que *le 5 tomberait*
» *au-dessous du pair*, *le devoir de l'amortissement se-*
» *rait d'y reporter ses rachats.*» Mais le ministre ajoute,
l'instant d'après : « *Si l'avantage de l'État est de ra-*
» *cheter plutôt un fonds que l'autre, cet avantage ne*
» *sera pas compromis*; (par l'effet de la loi proposée). »
Cette intention de porter l'amortissement sur la rente dont
le rachat offrira le plus d'avantage à l'État est formellement
exprimée encore dans le *Moniteur* du 6 avril même année. Ici, le ministre dit : « Le directeur de l'amortisse-
» ment, juge naturel et éclairé de l'emploi de ses fonds,
» pourra toujours (d'après le système de la loi) *les diriger*
» *vers le fonds dont le rachat offrira le plus d'avan-*
» *tages au Trésor.* » — Je le demande maintenant à
tout homme de bonne foi ; je le demanderais même à
tous les orateurs de l'opposition qui ne se sont arrêtés
qu'au sens absolu de la première phrase ou portion de
phrase que j'ai citée, le ministre a-t-il voulu dire, et
a-t-il dit que l'on devrait racheter le 5 tombé au-dessous
du pair, alors même qu'il y aurait plus d'avantage pour
l'État à racheter du 3 ? Et s'ils ont pu interpréter ainsi
un membre de phrase isolé, n'est-ce point par inadvertance ? N'est-ce point parce qu'ils ont négligé de faire
ce que pourtant ils auraient dû faire pour expliquer sa
pensée avec rectitude, c'est-à-dire, de rapprocher ce
membre de phrase de tout ce qui s'y rapportait, et sur-
tout de ce développement si décisif dont il était suivi immédiatement ? — Faut-il à cet égard une dernière expli-
cation ? La voici : A cette époque le 5 était au-dessus du
pair, et privé par conséquent de tout droit à l'amortissement : mais il pouvait retomber au-dessous et recouvrer par là son droit à entrer en concurrence avec le 3,
selon le plus ou moins de dépréciation : c'était ce que
le ministre annonçait, c'était la reconnaissance de ce

principe qu'il professait dans le premier membre de phrase. *Si le 5 pour 0/0 retombe au-dessous du pair, il reprendra son droit sur l'amortissement,* voilà ce qu'il a dit d'abord : *On rachetera du 5 si le rachat de cette valeur offre plus d'avantages pour l'État que le rachat du 3,* voilà le sens de la phrase suivante : *Mais on ne rachetera du 5 que dans ce seul cas, puisque ainsi le veut l'intérêt de l'État;* voilà la conséquence nécessaire, il en sera jugé ainsi par tous les hommes qui savent raisonner et juger. Quant aux autres, je leur laisse le soin de dire clairement ce que peuvent signifier les différentes phrases que j'ai citées, si elles n'ont pas le sens que j'indique. Ils voudront bien aussi, sans doute, nous montrer le vice du mode d'argumentation que je viens d'expliquer, et nous dire par quels motifs le ministre aurait dû craindre de s'en servir en présence de la Chambre des Pairs : car si cette argumentation ne renfermait rien qui ne fût juste, rien qui ne fût raisonnable, rien qui ne fût conforme aux intérêts de l'État, et si l'on est forcé d'en convenir, nous ne verrons pas sur quoi l'on pourrait fonder la prétendue nécessité d'en présenter une autre.

Un mot encore sur cet article. Je suppose que, par inadvertance ou par toute autre cause, un ministre se fût expliqué à une tribune de manière qu'il fût possible de tirer de ses paroles l'induction d'un engagement contraire aux lois, contraire aux intérêts de l'État et aux principes de la justice; je suppose ensuite que, par respect pour ses paroles, ce ministre violât à-la-fois les lois, les intérêts de l'État et les principes de la justice; que dirait l'opposition de ce prétendu engagement, et de l'étrange fidélité du ministre à des paroles hasardées? Que lui répondrait-elle, s'il venait dire à la tribune que ces mêmes paroles étaient devenues obligatoires pour l'État? J'ai posé la question :

que l'opposition compare la réponse qu'elle ferait, avec l'argument qu'elle veut faire valoir aujourd'hui. — Qu'elle proclame cette réponse, si elle croit le pouvoir, et le public jugera entre elle et nous.

Encore supposé-je ici, ce qui n'est pas, que le ministre eût pris un engagement que non-seulement il n'a pas pris, mais dont en réalité il s'est constamment défendu. — Otez les erreurs de fait à l'opposition, il ne lui restera rien.

CHAPITRE II.

*Du pair de la rente 3 p. 0/0, considéré sous le double
rapport de l'amortissement et du remboursement
forcé; détermination des taux correspondans des
deux rentes.*

DANS ce qui précède, je n'ai pu employer que les
armes de la logique ordinaire. La discussion n'avait rien
de commun avec les règles de l'arithmétique. Il n'en sera
plus ainsi désormais. Tout va rentrer dans le domaine
de cette science positive; c'est elle qui va nous guider,
et tout ce que nous dirons aura la certitude mathématique, sous le rapport de la forme comme sous le rapport
du fond.

D'abord, nous traiterons une question qui n'a pas été
bien comprise, et nous poserons des principes sans la
connaissance desquels on ne peut acquérir aucune idée
nette sur aucun des points controversés. Je veux parler
de tout ce qui tient à la détermination des pairs et des
taux correspondans des deux rentes, détermination d'autant plus nécessaire que d'abord il y a, pour le 3, un pair
relatif au remboursement forcé, et un pair relatif au rachat
sur la place; qu'en second lieu, ce pair relatif aux rachats
peut être 75 ou 100, selon le prix du 5 p. 0/0; et qu'en
troisième lieu, l'opposition, qui apparemment ne sait pas
à quels taux il faudrait que les deux rentes se trouvassent
simultanément pour que, selon les paroles du ministre,
l'amortissement dût se porter sur le 5, affecte de dire
que cette espèce de rente est privée pour toujours de
l'appui de la Caisse.

Entrons en matière, et posons ces principes fondamentaux.

Si le 5 p. 0/0 existait seul sur la place, la Caisse
d'amortissemeut lui devrait son appui tant que 5 francs
de rentes se vendraient moins de 100, ou, ce qui revient
au même, tant que le prix de 1 franc de rente serait au-
dessous de 20 francs ; mais passé ce taux, l'amortissement
ne devrait plus agir. Ainsi le veut la loi ; ainsi le véut
aussi l'intérêt de l'État, qui serait lésé si l'amortissement
rachetait au-delà du pair, c'est-à-dire si le Gouvernement
donnait, pour amortir 5 francs de rente, plus d'argent
qu'il n'en a constitué.

De même si, au lieu de 5 p. 0/0, il n'y avait sur la
place que du 3 p. 0/0 créé à la condition pure et simple
de payer 3 fr. de rente pour un capital de 100 fr. versé
au Trésor, l'amortissement devrait son appui à cette valeur tant que le bon de 3 fr. de rente se vendrait moins
de 100 fr., ou, ce qui revient au même, tant que le
prix de 1 fr. de rente serait au-dessous de 33 fr. 1/3 :
et passé ce terme, l'amortissement ne devrait plus agir.

Pour l'une comme pour l'autre de ces deux espèces
de rente, 100 fr. serait le pair, sous le double rapport
de l'amortissement et du remboursement forcé.

Que si deux valeurs, ainsi créées indépendamment
l'une de l'autre, existaient simultanément sur la place,
l'amortissement appartiendrait exclusivement au 3 p. 0/0,
d'après le principe qui veut que cet amortissement agisse
toujours sur le fonds le plus éloigné du pair : car, le
pair étant alors le même pour l'une que pour l'autre, il
est évident que la rente 3 p. 0/0 en demeurerait toujours
plus éloignée que la rente 5 p. 0/0. — Ce ne serait
qu'après le rachat total du 3, que l'amortissement pourrait
avoir l'occasion d'agir sur le 5.

Si les choses étaient ainsi, on aurait donc raison de

dire , comme on l'a dit, que le 5 p. 0/0 est en quelque sorte *déshérité* de l'amortissement. Mais, telle n'est pas la position dans laquelle nous sommes. Notre 3 p. 0/0 n'a pas été créé indépendamment du 5 ; il émane, au contraire, de cette ancienne valeur ; et pour être juste envers les deux classes de créanciers, pour ne point favoriser l'une aux dépens de l'autre, pour diriger l'action de l'amortissement d'une manière qui soit conforme au vœu de la/ justice et aux intérêts des contribuables, il faut examiner les conditions d'après lesquelles la conversion s'est opérée ; il faut voir dans quelle position se trouve le Gouvernement à l'égard des deux classes de rentiers, par l'effet combiné de la loi qui a réglé la conversion, et du principe qui régit l'amortissement.

Or, ce n'est pas pour des sommes de 100 fr., mais bien pour des sommes de 75 f. laissées dans ses caisses par d'anciens porteurs de 5 pour cent, que le Gouvernement a accordé des bons de 3 fr. de rente. Une première conséquence résulte de cette opération : c'est que chaque bon de 3 fr. de rente correspond à un capital de 75 fr. versé, ou plutôt maintenu dans les caisses du Trésor ; c'est-à-dire que chaque 1 fr. de la nouvelle rente correspond à un capital de 25 f., que 4 fr. correspondent à 100 fr., que 5 fr. correspondent à 125 f., &c. Delà aussi, réduction d'un cinquième au profit du Trésor, dans le revenu annuel que le créancier doit percevoir pour un même capital, puisque, au lieu de 5 fr. de rente pour 100 fr., il n'en reçoit plus que 4. Il est évident qu'un pareil marché, offert sans compensation, n'aurait pu être accepté par personne. Aussi est-ce pour donner cette compensation, que le Gouvernement a consenti à transformer ce 3 p. 75 en 3 p. 0/0 ; c'est-à-dire qu'il a renoncé à la faculté, non pas de racheter cette valeur sur la place au taux de 75 fr., et même au-dessous,

mais à la faculté de faire le remboursement forcé de 3 fr. de
rente pour moins de 100 fr.; renonciation dont résulte,
pour le porteur de cette rente, la possibilité de vendre un
bon de 3 fr. pour un prix intermédiaire entre 75 fr. et
100 fr., puisque celui qui achète à raison de 80 fr., par
exemple, peut espérer de revendre le lendemain à raison
de 81 fr., 82 fr. ou 83 fr., &c. — Cette concession faite
par l'État aux porteurs du 3 est le prix de la réduction du
cinquième de revenu par eux consentie; elle est donc
obligatoire aux yeux de la loi, comme aux yeux de la
justice; et la justice veut, comme la loi, que 100 fr. soit,
sous le rapport du remboursement forcé, le pair de la
nouvelle rente.

Nous remarquerons, en passant, que les porteurs du
5 sont totalement désintéressés dans cette convention; car,
quel que soit, pour le 3, le taux du remboursement forcé,
et quel que soit le rapport qui existe entre la nouvelle
rente et le capital correspondant, leur position n'est pas
changée; elle ne pourrait l'être que dans le cas où l'effet
de cette même convention serait de les placer, sous le
rapport de l'amortissement, dans une position moins avantageuse que celle qu'ils avaient auparavant, et telle est en
effet l'accusation que les adversaires de la loi de conversion
ne cessent de faire entendre depuis trois ans; mais ils
sont, à cet égard, dans l'erreur la plus complète. On en
trouvera la preuve dans ce qui suit.

J'ai déjà dit que, sous le rapport du remboursement
forcé, le pair de la nouvelle rente était 100 fr. Mais il
n'en est plus ainsi lorsque l'on considère la question sous
le point de vue de l'amortissement; et pour diriger l'action
de cette Caisse d'une manière conforme à l'esprit des
conventions ainsi qu'aux règles de la justice, il faut
considérer 75 comme étant le pair du 3 p. 0/0, tant qu'il
qu'il y aura sur la place du 5 p. 0/0 au-dessous du

pair. Tel est le principe ; la démonstration est aussi simple que décisive, la voici :

Un franc de la nouvelle rente représente 25 fr du capital primitif, comme 1 fr. de l'ancienne rente représente 20 fr. : en d'autres termes, le bon de 3 fr. de la rente 3 p. 0/0 représente 75 fr. du capital versé au Trésor, comme le bon de 5 fr. de la rente 5 p. 0/0 représente 100 fr. Il y a donc, sous le rapport du recouvrement du capital, identité de position entre le porteur de 3 p. 0/0 qui vend à 75 francs et le porteur de 5 pour 0/0 qui vend à 100 francs. — Tous deux rentrent dans les fonds qu'ils ont versés ou qu'ils sont censés avoir versés ; tous deux sont au pair. — Quant à l'amortissement, il fait aussi, sous le double rapport du rachat de la rente et de l'extinction du capital, deux opérations équivalentes en employant 75 fr. au rachat de 3 fr. de rente 3 p. 0/0, ou 100 fr. au rachat de 5 fr. de rente 5 p. 0/0. En effet, 4 fr. de la nouvelle rente ont remplacé 5 fr. de l'ancienne ; donc 1 fr. de rente 3 p. 0/0 remplace 5/4 fr. ou 1 fr. 1/4 de l'ancienne dette annuelle, et par conséquent 3 fr remplacent 3 fr. 3/4. Donc, lorsque l'amortissement rachète 3 fr. de rente 3 p. 0/0, il opère sur la dette annuelle la même réduction que celle qu'il aurait opérée si, le 3 p.0/0 n'existant pas, il eût racheté 3 fr. 3/4 de rente 5 p.0/0. Mais 75 fr. est précisément le prix de 3 fr. 3/4 de rente 5 p.0/0 au taux de 100 fr. ; donc l'amortissement qui consacre 75 fr. au rachat de 3 fr. de rente 3 p.0/0 au taux de 75 fr., fait une opération identique avec celle qu'il aurait faite si, le 3 p.0/0 n'existant pas, il eût employé la même somme au rachat de 3 fr. 3/4 de rente 5 p.0/0 au taux de 100 fr., c'est-à-dire que la dette se trouve réduite au même point par l'un et l'autre emploi. — Mais racheter, pour 75 fr., 3 fr. 3/4 de rente 5 p.0/0, et racheter, pour 100 fr., 5 fr. de la même rente, sont deux opérations équivalentes; donc enfin, l'amortissement fait, sous le rapport du rachat de la dette annuelle, deux opérations équivalentes, en rachetant du 3 à 75, ou du 5 à 100 fr., première chose qu'il s'agissait de démontrer.

La seconde, celle qui est relative à l'extinction du capital, n'offre pas plus de difficultés; car, amortir 3 fr. de la nouvelle rente, c'est amortir 75 fr. du capital de la dette; et amortir 3 fr. 3/4 de la rente 5 p. 0/0, c'est aussi amortir 75 fr. de capital; ainsi, on amortit le même capital quand on rachète deux portions correspondantes des deux espèces de rentes; et l'on peut dire que les deux opérations sont identiques, lorsque ces deux portions de rentes ont été d'ailleurs rachetées au même prix. Cela posé, amortir simultanément 3 fr. 3/4 de rente 5 p. 0/0 et 75 fr. de capital, ou amortir simultanément 5 fr. de la même rente et 100 f. de capital, sont deux opérations équivalentes; donc, comme nous l'avions annoncé, l'amortissement fait aussi, sous le rapport de l'extinction du capital, deux opérations équivalentes, en employant 75 au rachat de 3 f. de la nouvelle rente, ou 100 fr. au rachat de 5 fr. de rente 5 p. 0/0. Ainsi, nous sommes autorisés à dire que ces deux opérations sont équivalentes sous le double rapport du rachat de la rente et de l'extinction du capital : et il en résulte immédiatement que, en ce qui concerne l'amortissement, 75 fr. est et sera le pair du 3 p. 100, tant qu'il y aura sur la place du 5 au-dessous de 100 f. C'est la conséquence nécessaire et forcée des conditions d'après lesquelles la conversion a été effectuée; c'est aussi ce que veulent simultanément la justice et l'intérêt de l'État qui se trouvent, comme on le voit, parfaitement d'accord, malgré tous les faux raisonnemens à l'aide desquels on a prétendu prouver le contraire, placer le pair du 3 au-dessus de 75 fr.

(22)

tant qu'il existe sur la place du 5 au-dessous de 100 fr. ,
ce serait favoriser les porteurs du 3 au détriment des
porteurs du 5, et nuire aux intérêts de l'amortissement,
qui, par là, se verrait contraint à racheter du 3 lorsqu'il lui serait plus avantageux de racheter du 5 ; placer
ce pair au-dessous de 75 fr., ce serait favoriser, au
contraire, les porteurs du 5 au détriment des porteurs
du 3 , et obliger l'amortissement à cesser de racheter
cette rente lorsqu'il y aurait encore avantage dans ces
rachats; placer enfin ce même pair à 75, c'est tout-
à-la-fois tenir la balance égale entre tous les créanciers de l'État, et donner à l'amortissement la faculté
de faire, en tout temps, les rachats les plus avantageux.

J'ai dit que le pair du 3 p. 0/0 devrait être maintenu à
75 fr. tant qu'il existerait sur la place du 5 à un taux
moindre que 100 fr. C'est qu'en effet, si le 5 p. 0/0 n'existait pas, ou s'il avait dépassé le taux de 100 fr., le 3 p.
0/0 aurait droit à l'appui de l'amortissement jusqu'à ce
qu'il se fût lui-même élevé à 100 fr., puisque telle est sa
valeur nominale ; mais, il ne saurait jouir de ce droit que
dans l'une des deux hypothèses dont je viens de parler ;
car si, le taux du 3 étant supérieur à 75 , et celui du 5
étant inférieur à 100 fr., l'amortissement rachetait du 3
de préférence au 5, on payerait plus de 75 fr. pour 3 fr.
de rente 3 p. 0/0, et l'on refuserait en même temps de
racheter du 5 à moins de 100 fr., ce qui serait à-la-fois
contraire au principe de justice et d'équilibre que nous
avons établi, et contraire aux intérêts des contribuables.

Recherche des taux correspondans des deux rentes.

Passons à l'examen de la question générale que présente
l'amortissement. Cette question est celle-ci :
« Étant donné le taux de l'une des rentes sur la place,
» déterminer le taux correspondant de l'autre rente. »

Je n'ai pas besoin de dire que j'entends par taux cor-respondans ceux qui sont également éloignés des deux pairs, de telle façon que les porteurs des deux espèces de rentes soient dans des positions identiques, et qu'il n'y ait pas plus de raison pour acheter l'une que pour acheter l'autre. Les deux pairs 75 et 100 sont des taux correspon-dans ; mais il y en a d'autres. Il s'agit de les trouver, ou d'indiquer le moyen de les trouver.

Pour y parvenir, il suffit de remarquer que chaque 1 fr. de la nouvelle rente représente 25 fr. du capital versé au Trésor, tandis que chaque 1 fr. de l'ancienne rente re-présente 20 fr. de ce même capital ; qu'ainsi, les taux cor-respondans sont ceux d'après lesquels les prix des deux unités de rente se trouvent être dans le rapport de 25 à 20 : mais, dans ce même cas, le prix de 3 fr. de la nou-velle rente est au prix de 5 fr. de l'ancienne dans le rap-port de 3 fois 25, ou 75, à 5 fois 20, ou 100, c'est-à-dire, dans le rapport de 3 à 4. Ainsi, les deux taux seront *correspondans*, lorsque le prix de 3 fr. de rente 3 p. 0/0 sera les 3/4 du prix de 5 fr. de rente 5 p. 0/0, comme 75, pair du 3, est les 3/4 de 100, pair du 5.

Remarquons qu'alors le taux du 5 est équivalent aux 4/3 du taux du 3 : car, en général, lorsqu'un nombre est les 3/4 d'un autre, celui-ci est les 4/3 du premier.

Il suit de là que si l'on donne le taux du 5 sur la place, et que l'on demande le taux correspondant du 3, l'opération se réduira à prendre les 3/4 du prix du 5, c'est-à-dire à retrancher le quart.

Que si l'on donne, au contraire, le taux du 3, et que l'on demande le taux correspondant du 5, il suffira d'a-jouter à ce taux du 3 le tiers de ce même taux ; car par ce moyen on obtiendra un nombre qui sera les 4/3 du taux du 3.

Supposons, par exemple, que, le taux du 5 étant 98,

on veuille avoir le taux correspondant du 3, on dira : le quart de 98 fr. est 24 fr. 50 cent. ; si l'on retranche ce quart, il reste 73 fr. 50 cent. ; donc, dans ce cas, le taux correspondant du 3 est 73 fr. 50 centimes.

On voit, par cet exemple, combien se sont trompés ceux qui ont prétendu que l'administration de la Caisse d'amortissement avait été partiale pour le 3 p. 0/0 ; car on sait que le taux moyen du 5 p. 0/0 a été 98 fr., tandis que le taux moyen du 3 n'a été que 66 fr.

Quiconque voudra comparer, jour par jour, les taux respectifs des deux valeurs, depuis l'époque de la conversion jusqu'à ce moment, reconnaîtra qu'il n'y a pas eu un seul instant où l'amortissement pût être appliqué au 5 sans violer ouvertement le principe qui le régit et les règles de la justice. Sans violer le principe qui le régit, parce qu'il veut que l'amortissement agisse sur le fonds le plus éloigné du pair ; sans violer les règles de la justice, parce que les clauses de la conversion n'ont fait que conserver aux porteurs actuels du 3, relativement à l'amortissement, une position identique avec celle qu'ils avaient auparavant; parce qu'elles ne leur ont donné, sous ce rapport, aucun avantage nouveau, et que, par une conséquence nécessaire, elles n'ont apporté non plus aucun changement défavorable aux créanciers qui sont restés dans le 5 p.0/0. — Il est rigoureusement vrai de dire qu'en amortissant du 3, dans les circonstances que nous venons d'expliquer, c'est-à-dire au taux correspondant, on amortirait, au profit de tous les créanciers indistinctement, une portion de l'ancienne dette, et la même portion précisément que l'on aurait amortie si la conversion n'eût pas été faite. — Que si l'amortissement opère, comme il le fait aujourd'hui, sur le 3 vendu à un prix inférieur au taux correspondant du 5, il arrive que l'on amortit, pour la même somme, une plus grande partie de l'ancienne dette que celle qui aurait pu être amortie sans la conversion. Ainsi, dans ce cas, il y a avantage pour les porteurs du 5, et bénéfice pour le Trésor. — Il ne pourrait y avoir désavantage pour les porteurs du 5 et perte pour le Trésor que dans le cas où l'amortissement achèterait du 3 à un prix plus élevé que le taux correspondant au taux du 5; et cela ne peut jamais arriver, puisque la loi le défend.

Ainsi disparaissent devant les calculs certains, devant l'analyse mathématique, c'est-à-dire devant cette vérité à laquelle tout cède, les objections relatives à l'emploi de l'amortissement, et les reproches adressés au Gouvernement sous ce rapport si essentiel. — Il n'y a, je le répète, ni injustice, ni désavantage pour les porteurs du 5, ni perte pour le Trésor : il y a bénéfice, au contraire, pour les uns comme pour l'autre, quand l'amortissement agit sur du 3 acheté à un prix inférieur au taux correspondant.

Revenons à la question que nous venons de résoudre. Elle a, comme on le voit, une infinité de solutions en nombres fractionnaires; mais elle n'en a, du moins entre 0 et 100, que 25 en nombres entiers. Ce sont les multiples correspondans des nombres 4 et 3. — Ainsi, les deux nombres 4 et 3 formeraient la première de ces solutions en nombres entiers, s'il était possible que le taux du 5 pour 0/0 tombât à 4 francs, et que le taux du 3 tombât à 3 francs. — 8 et 6 formeraient la seconde; 12 et 9 formeraient la troisième, etc., etc. — En un mot, ces solutions en nombres entiers sont comprises dans le tableau suivant :

Taux du 5.... Taux correspondans du 3.

$$4\dots\dots\dots\dots\dots\quad 3\!-\!3/4\text{ de } 4.$$
$$8\dots\dots\dots\dots\dots\quad 6\!-\!3/4\text{ de } 8.$$
$$12\dots\dots\dots\dots\dots\quad 9\!-\!3/4\text{ de } 12.$$
$$16\dots\dots\dots\dots\dots\quad 12\!-\!3/4\text{ de } 16.$$
$$20\dots\dots\dots\dots\dots\quad 15\!-\!\text{etc.}$$
$$24\dots\dots\dots\dots\dots\quad 18\dots\dots$$
$$28\dots\dots\dots\dots\dots\quad 21\dots\dots$$
$$32\dots\dots\dots\dots\dots\quad 24\dots\dots$$
$$\text{Etc}\dots\dots\dots\dots\dots$$
$$\dots\dots\dots\dots\dots\dots$$
$$80\dots\dots\dots\dots\dots\quad 60.$$
$$84\dots\dots\dots\dots\dots\quad 63.$$
$$88\dots\dots\dots\dots\dots\quad 66.$$
$$92\dots\dots\dots\dots\dots\quad 69.$$
$$96\dots\dots\dots\dots\dots\quad 72.$$

Pairs. $100\dots\dots\dots\dots\quad 75\!-\!3/4\text{ de } 100$

Puis au-delà des pairs :

$$104\dots\dots\dots\dots\dots\quad 78\!-\!3/4\text{ de } 104$$
$$108\dots\dots\dots\dots\dots\quad 81\!-\!\text{etc.}$$
$$\text{Etc}\dots\dots\dots\dots\dots\quad \text{Etc}\dots\dots$$

Répondons ici à une objection que l'on ne manquera pas de nous faire. On nous dira que ce n'est pas tout que d'assigner les taux correspondans des deux rentes, et qu'en résolvant ce problème nous n'avons pas repoussé l'argument principal de l'opposition, argument qui consiste à dire que le 5 pour 0/0 est, par le fait, privé à jamais de l'appui de l'amortissement. On nous dira que cet argument subsiste dans toute sa force, s'il est vrai que le 3 ne puisse jamais s'élever à un taux supérieur au taux correspondant du 5 ; et l'on ne manquera pas de soutenir que les choses se passeront ainsi. — Je ne sais jusqu'à quel point il peut être permis, dans une discussion où la raison et la bonne foi doivent présider, de commencer par mettre ainsi tout l'avenir de son côté, surtout lorsqu'on ne peut appuyer cette étrange prétention sur aucun motif plausible. Je pourrais répondre qu'en bonne logique, il faut raisonner d'après l'hypothèse la plus probable, non d'après celle qui va contre les probabilités. Je pourrais dire, avec raison, qu'ici l'hypothèse la plus probable est contraire à celle que l'opposition pose en fait certain; car il n'y a pas de raison pour que le 5 se maintienne à un taux plus élevé que le taux correspondant du 3 ; et il y a une raison très-positive, très-déterminante pour qu'il en soit tout autrement; c'est chose facile à voir. Mais admettons encore qu'il en soit ainsi, et que les effets soient en raison inverse des causes. Il nous sera du moins permis de dire que si, en effet, le 5 ne tombe jamais au-dessous du taux correspondant du 3 , on ne commettra aucune injustice en ne portant jamais l'action de l'amortissement que sur cette espèce de rente, puisqu'on ne le lui doit que lorsqu'elle tombe au-dessous. De quoi donc pourrait-on se plaindre alors, si, comme nous l'avons démontré, cet état de choses est une preuve positive de la prospérité du 5 p. 0/0, et si cette prospérité résulte, comme nous l'avons également prouvé, de ce que dès-lors l'amortissement agit en effet d'une manière plus profitable aux porteurs du 5 que s'il agissait directement sur cette valeur elle-même? Se plaindre de ce que les affaires sont en trop bon état, et s'en prendre aux causes qui produisent ce bien-être, voilà en deux mots le système de l'argument auquel je réponds. C'est dire assez ce qu'il vaut.

En résumé, et nonobstant ces pitoyables erreurs de raisonnement, tout ce qui a été fait jusqu'à présent par l'administration de l'amortissement est bon, juste, profitable au Trésor, avantageux aux contribuables, et conforme aux intérêts bien entendus des porteurs de 5 p. 0/0 eux mêmes; et tout ce que l'on a dit en sens contraire est le triste résultat de l'irréflexion et du préjugé.

Une chose importe avant tout à la masse des créanciers de l'État, comme à l'État lui-même et aux contribuables : c'est que l'amortissement agisse de manière à éteindre la plus forte masse possible de rentes avec la même somme. Or, quand le taux du 3 est inférieur au taux correspondant du 5, une somme quelconque, employée au rachat du 3, réduit davantage la dette annuelle que n'aurait pu le faire la même somme employée au rachat du 5, si la conversion n'avait pas eu lieu. Donc, encore une fois, la conversion a été profitable à l'amortissement, utile au pays, et avantageuse aux anciens créanciers eux-mêmes.

En veut-on un exemple, bien que cela soit complétement inutile d'après ce qui précède? J'en prendrai un dans le tableau des opérations faites par la Caisse d'amortissement en avril, mai et juin de l'année courante. D'après ce tableau, que le *Moniteur* du 11 de ce mois a publié : 890,449 fr. de rentes 3 pour 0/0 ont été rachetés moyennant 19,337,559 fr. Eh bien, chacun de ces 890,449 fr. était remplacé avant la conversion par 1 fr. 1/4, et par conséquent ces 890,449 fr. eux-mêmes tiennent la place de 890,449 fr. $+$ 1/4 de 890,449, c'est-à-dire de 1,113,061 fr. Or il est facile de voir qu'avec cette même somme de 19,337,559 fr., on n'aurait pu racheter au taux de 98 fr. que pour 996,610 de rentes 5 p. 0/0. On a donc pour bénéfice la différence 126,451 fr., qui existe entre 1,113,061 fr. et 986,610 fr. — Et ce bénéfice, on ne l'aurait pas eu sans la conversion, puisqu'il est le résultat complexe de la conversion et du principe d'après lequel l'amortissement agit.

Veut-on savoir en second lieu combien il aurait fallu

dans l'ancien système, employer de fonds pour diminuer la dette annuelle de la même somme de 1,113,061 fr., dont elle se trouve réduite par les opérations faites sur le 3 p. 0/0 durant le cours de ces trois derniers mois ? Il suffira de remarquer que, pour acheter cette même somme de 1,113,061 fr., il aurait fallu employer les 9·8/5 de 1,113,061 fr., c'est-à-dire 21,815,995 fr. Ainsi, l'amortissement aurait dû dépenser en sus la différence qui existe entre cette somme de 21,815,995 fr. et les 19,337,559 fr. dont l'emploi, dans le nouveau système, a produit la même réduction.

Que faut-il de plus pour mettre chacun en mesure d'apprécier l'opération et ceux qui la blâment avec une si étrange persévérance?

Ils rediront, car ils l'ont déjà dit, que cette mesure a été une véritable déception pour ceux qui ont converti. C'est ce que nous examinerons dans le chapitre suivant.

CHAPITRE III.

De la conversion considérée dans l'intérêt des porteurs du 3 p. 0/0, et des chances de bénéfice qu'ils ont à attendre, selon leur position.

« Vous avez abusé de la bonne foi, de la crédulité, de
» la faiblesse de certains créanciers de l'État, pour les
» amener à faire une opération ruineuse. Vous avez abusé
» de la dépendance où d'autres créanciers étaient placés
» pour les contraindre à faire ce que très-certainement
» ils n'auraient pas fait par calcul. Il y a déception pour
» les uns, violence à l'égard des autres, et sans ces pa-
» roles décevantes, sans ces abus de pouvoir, vous n'au-
» riez pas eu de conversions. » .

Ainsi s'explique l'opposition depuis l'époque de la con-version des rentes. Voyons qui abuse ici de la faculté de parler sur les affaires de l'État; voyons qui trompe le public; voyons qui outrage la vérité, qui mérite la cen-sure des hommes, et qui doit regarder sa conscience avec inquiétude. — Raisonnons et calculons.

Un créancier de l'État possédait 15 francs de rentes en 5 p. 0/0. Ces 15 francs de rentes représentaient un ca-pital de 300 francs. On lui a offert de convertir ses 15 francs de rentes en 3 p. 0/0 à 75, c'est-à-dire de lui don-ner autant de bons de 3 francs de rentes qu'il y avait de fois 75 francs dans son capital. — Il a accepté : de quelle manière la conversion s'est-elle faite; et quelles en ont été les conséquences? Voici d'abord l'opération.

Le Gouvernement a dit à ce créancier : « Vous ave:
» 300 francs de capital; or, 300 francs équivalent à

» quatre fois 75 francs ; on vous doit donc et l'on vous
» donne, quatre bons de 3 francs de rentes, ou un bon
» de 12 francs. »

Voici maintenant les conséquences :

1.° Les 15 francs de rentes ont été remplacés par
12 francs : ainsi, perte d'un cinquième du revenu pour
le créancier, et profit équivalent pour l'État ;

2.° Et par compensation, possibilité de vendre à un
prix plus élevé que 75 francs le bon de 3 francs de rente
accordé pour 75 francs. Et cette possibilité est réelle ;
car, la rente étant constituée à 3 p. 0/0, 100 francs est
le pair du remboursement forcé, c'est-à-dire que le Gouvernement ne peut pas obliger le détenteur du bon de
3 francs à le lui vendre pour moins de 100 francs, d'où
il suit, comme je l'ai déjà dit, que celui qui achette à
80 francs, par exemple, peut espérer de revendre à
81 francs, 82 francs, 83 francs, etc. J'ajoute que cette
faculté de vendre au-dessus de 75 francs est favorisée
encore par l'action de l'amortissement, qui est dû au 3,
entre 75 et 100, tant que le 5 n'est pas au-dessous du
taux correspondant.

Tels sont les effets immédiats de la conversion. Il y a
d'un côté perte réelle ; il y a de l'autre côté chances de
bénéfices. La perte est certaine, le bénéfice n'est qu'é-
ventuel. Mais la perte est déterminée, connue, arrêtée ;
elle ne peut pas s'accroître : le bénéfice n'a qu'une limite
fort reculée, il peut être beaucoup plus considérable.
Voilà l'état des choses ; voilà le marché conclu. Que nous
dira-t-on là-dessus, pour justifier l'accusation ? On ne sou-
tiendra pas, je pense, qu'un marché dans lequel on fait
un léger sacrifice pour courir les chances d'un accroissement considérable de fortune est un marché absurde,
un acte de déception, et que personne au monde ne fait
volontairement de semblables marchés. Force sera donc

pour l'opposition de dire que la déception était dans l'espoir de ce bénéfice : et tel est en effet le mode d'argumentation qu'elle emploie à ce sujet. — Vaut-il mieux que les autres ? C'est ce qu'il faut voir.

Remarquons d'abord que l'on ne peut pas, absolument parlant, nier la possibilité de vendre, tôt ou tard, le bon de 3 francs de rente à un prix plus élevé que 75 francs. Permis aux adversaires de la conversion de dire, *nous ne pensons pas que cela puisse arriver, cela ne nous paraît point probable*; mais ils ne sauraient aller plus loin, ils ne sauraient dire, *cela n'arrivera pas, cela ne peut pas arriver*, puisqu'une assertion positive ne saurait être admise sans preuve, et qu'ici les preuves manquent. C'est aux probabilités qu'il faut s'en tenir, cherchons donc ces probabilités, voyons de quel côté elles se trouvent, et quelle en est la force.

A l'époque de la création du 3 p. 0/0, le 3 p. 0/0 anglais se vendait 88, 89 et 90 francs. Etait-ce trop bien présumer du crédit de la France que de supposer qu'un fonds de même nature, émis sur la place de Paris, pouvait y monter progressivement à 80 ou 84 francs ? Un ministère français devait-il encourir l'accusation de mauvaise foi pour annoncer de pareilles espérances ? et des spéculateurs français ne pouvaient-ils pas, sans être mûs par une servile complaisance, fonder leurs calculs sur une hausse qui présentait de pareilles probabilités ? Y avait-il démence enfin à croire que cela pouvait arriver, lorsque le 5 p. 0/0, prenant un essor qu'il n'avait point eu jusqu'à cette époque, s'élevait rapidement au-dessus du pair, malgré les chances d'un remboursement, au moins partiel, et malgré la privation imminente du secours de l'amortissement ? S'il est rigoureusement possible de répondre à toutes ces questions dans un sens favorable au système de l'opposition, on ne saurait le faire, du moins, sans aller ouvertement contre tout ce qui était probabilité à cette époque. Tout homme de bon sens et de bonne foi reconnaîtra que ces probabilités existaient alors; il n'en faut pas davantage pour renverser toute l'accusation, et pour montrer comment la conversion a pu s'effectuer autrement que par les misérables moyens auxquels on s'efforce de la rattacher.

Mais allons plus loin : Appuyés sur des événemens imprévus, sur des catastrophes dont ils ne prétendront pas, sans doute, avoir eu la prévision, nos adversaires nous disent : « Loin de s'élever, les fonds ont baissé; les faits » parlent donc pour nous, et l'expérience vous a con- » damnés. » Quoi donc! Les temps sont-ils accomplis, tout est-il consommé? Est-il démontré que les porteurs du 3 n'ont plus aucune chance de bénéfice? Ces chances ne devaient-elles subsister que pendant une année? Calculons encore.

Les porteurs du 3 perdent un cinquième de leur re-revenu annuel. En d'autres termes, celui qui possède aujourd'hui 4 francs de revenu en avait 5 ; et par consé-quent celui qui possède 1 franc en 3 p. 0/0 en possé-dait un de 5/4 francs, c'est-à-dire de 1 franc 1/4 en 5 p. 0/0. Donc, celui qui possède 3 francs, en avait 3 3/4. —— Cela posé, la perte relative à un bon de 3 fr. de rente 3 p. 0/0 étant, comme on le voit, de 3/4 franc au bout d'une année, elle sera de deux fois 3/4 franc au bout de deux ans; elle sera de trois fois 3/4 franc au bout de trois années; et en général, elle sera d'autant de fois 3/4 franc qu'il y aura d'années écoulées depuis la con-version. Il suffira donc, pour que le créancier ne perde ni ne gagne, il suffira, dis-je, qu'il puisse revendre le bon de 3 francs pour 75 fr. 3/4, c'est-à-dire pour 75 fr. 75 centimes au bout de la première année; pour 75 fr. plus deux fois 3/4 de franc au bout de la seconde année; et en général, après un certain nombre d'années, pour 75 francs plus autant de fois 3/4 de franc qu'il y aura d'années écoulées; et s'il vend à un taux plus élevé, tout le surplus sera bénéfice.

Or, si l'on admet que le 3 p. 0/0 de France puisse, sinon prendre le niveau du 3 p. 0/0 d'Angleterre, du moins s'en rapprocher, de cette façon, par exemple, que, ce dernier s'élevant à 90, le nôtre monte à 80 ou 85, il en faudra conclure immédiatement qu'il y a chances de bénéfices pendant 8, 10 ou 12 ans, pour les créanciers de l'État qui ont converti; il leur suffit, pour conserver ces chances, de supporter momentanément une diminution de revenu qu'ils récupéreront amplement sur les prix de vente. Car, je l'ai déjà dit, la perte qu'ils éprouvent annuellement est de 3/4 de franc pour le bon de 3 francs de rente; et il y a 12 fois 3/4 dans la différence 9 qui existe entre 75 et 84; donc, ils peuvent raisonnablement attendre du bénéfice tant que dix à douze années n'auront pas été accomplies depuis la conversion.

Les chances, il est vrai, diminuent tous les ans, puisqu'il faut, au bout de chaque année, attendre une augmentation de 3/4 de franc, ou de 75 centimes de plus sur le capital; mais, enfin, elles existent, même pour ceux qui ont payé 3 francs de rente à raison de 75 francs. Je dis, même pour ceux-là, parce que, bien évidemment, les chances sont beaucoup plus favorables pour ceux qui achètent aujourd'hui à 66 francs.

Nous pouvons le dire, et nous le disons sans craindre de rien hasarder, ces chances sont, pour les acheteurs au taux de 66 francs, aussi certaines que puissent l'être des probabilités; et le bénéfice qui doit résulter de ces achats est si considérable, qu'il y aurait lieu d'être surpris de ne pas voir le 3 p. 0/0 s'élever avec plus de rapidité, si l'on ne savait pas que l'erreur, quand on la propage journellement avec une assurance imperturbable, finit par usurper l'empire de la vérité.

« Mais, nonobstant tous ces calculs et toutes ces pro-
» babilités, nous dit-on, un grand nombre de porteurs
» de 3 p. 0/0 a fait des pertes considérables. Ils ont été
» obligés de revendre au-dessous de 75 francs ; et par
» conséquent, ils ont perdu tout à-la-fois sur le revenu et
» sur le capital. Vous avez donc causé la ruine de beau-
» coup de gens. » — Étrange manière d'argumenter que
celle qui consiste à rendre le Gouvernement responsable
du dommage qu'éprouvent les particuliers qui vendent
mal-à-propos ! Si cette responsabilité pesait effectivement
sur lui, il n'aurait plus qu'à supprimer les fonds publics,
à renoncer aux emprunts, à délaisser pour toujours les
avantages que le crédit procure au pays. Car, quelle que
pût être la nature des rentes émises sur la place, il y aurait
des évènemens imprévus, des chances de hausse et de
baisse, des joueurs malheureux ou maladroits, des individus contraints à vendre dans un moment inopportun,
et par conséquent aussi des pertes, comme des bénéfices
faits sur la place. Oserait-on soutenir, ou du moins
pourrait-on soutenir avec raison qu'il n'y aurait pas eu
de pertes, si le 5 p. 0/0 fût resté seul ? Et pouvaient-ils
se tenir bien assurés de rentrer dans leurs fonds, ceux
qui les plaçaient sur le 5 parvenu à 105, ceux qui,
croyant n'avoir pas encore atteint le terme de la hausse,
les auraient placés sur cette même valeur au taux de
110 francs, de 115 francs, de 120 francs même, si elle
s'était élevée jusque-là ? Vous avez dit mille fois que,
sans la conversion, le 5 serait parvenu à 120 francs. Cette
assertion n'est pas fondée ; je démontrerai plus tard que
s'il eût dû monter à ce taux la conversion, loin d'arrêter
cet accroissement, l'aurait favorisé. Mais admettons, puisque vous le voulez, que les choses se fussent ainsi passées ; supposons que le 5 se fût élevé à 125 francs. Alors,
les acheteurs eussent aussi placé leur argent à 4, comme
les porteurs du 5 qui ont converti. La position de ces

deux espèces de créanciers aurait donc été la même sous
le rapport du revenu. Mais quelle est celle de ces deux
classes qui aurait couru le plus de danger sous le rapport
du capital? Accusateurs, voyez, calculez et répondez.

Diriez-vous que le 5, une fois monté, ne serait pas
retombé comme le 3? Vous pourrez le dire en effet;
mais comment le prouverez-vous? Votre système aura
du moins encore ici toutes les probabilités contre lui; car
le 3 a été soutenu par l'amortissement, le 3 n'était pas
et ne pouvait pas être menacé du remboursement; parvenu
au-dessus du pair, le 5, au contraire, ne pouvait plus,
ne devait plus conserver l'appui de l'amortissement; et il
était évidemment, nécessairement, menacé d'un remboursement total ou partiel, puisque la position de l'État com-
mandait impérieusement une mesure quelconque.

En réalité, on ne saurait se refuser à le reconnaître,
la position des porteurs du 3 était bonne à l'époque de
la conversion; ils avaient pour eux toutes les probabilités;
le Gouvernement ne les a donc pas séduits. Ils pouvaient
voir par eux-mêmes ces probabilités, elles étaient faciles
à calculer, elles étaient en évidence; c'était assez pour
qu'ils se décidassent à convertir sans qu'il y eût besoin
d'employer ces moyens odieux que jamais on ne doit se
permettre d'imputer à qui que ce soit sans en fournir les
preuves. Quelques-uns ont fait des pertes plus ou moins
considérables, parce que le ton d'assurance avec lequel
on ne cessait de prédire leur ruine a fini par jeter le
le trouble dans leur esprit, et qu'au lieu d'attendre,
comme ils devaient le faire, ils se sont pressés de vendre avant que les choses eussent repris leur cours naturel; mais d'abord, ceux qui n'ont pas vendu par peur
ou par nécessité conservent les chances favorables qu'ils
avaient au jour de la conversion. Ainsi, il n'y a pas
eu déception. Il est arrivé à plusieurs d'entre eux ce
qui pouvait arriver, ce qui très-certainement même est

arrivé à un grand nombre des porteurs des 5 p. 0/0,
lorsque cette valeur est tombée de 105 à 90. — De plus,
il y aurait eu des pertes beaucoup plus considérables, si
le 5 p.ʳ 0/0 existant seul s'était élevé à 115 ou 120 fr.,
pour retomber comme il l'a fait, par suite de la crise
financière dont les effets ont été plus désastreux encore en
Angleterre qu'en France. — Cependant on n'a point parlé
de ces pertes éprouvées par les porteurs du 5 ; on n'a
point examiné ce qui serait résulté de la chute inévitable
de cette espèce de rente si elle eût pu s'élever jusqu'à
120 ou 125 francs, conformément au système soutenu
par l'opposition. Pourquoi ne l'a-t-on pas fait? il faut en
venir là pourtant, si l'on veut être juste, et si l'on cherche
de bonne foi la vérité, ce dont il n'est malheureusement
que trop permis de douter lorsque l'on voit des journalistes
prononcer une opinion, au moins prématurée, sur un
ouvrage qui n'a pas encore paru, et insinuer à leurs
abonnés qu'ils ne doivent pas examiner les vérités positives qu'on leur annonce, parce que *la lice des questions
financières est fermée.* — Fermée, depuis quand ? Hier
encore hier, les feuilles publiques étaient remplies de déclamations contre ce système financier qu'il n'est plus
temps de défendre aujourd'hui !... (1) Est-ce donc la
vérité qu'ils cherchent, ceux qui se plaignent si hautement
de ce que l'on étouffe les discussions dans les Chambres?
Est-ce bien pour la montrer à tous les yeux, qu'ils déna-
turent le sens de la pensée par des substitutions de mots,
par des altérations de texte que la loyauté devrait interdire ?
Citer fidèlement, se nommer, discuter et montrer l'erreur
là où elle se trouve, voilà ce qu'il faut faire, et ce que l'on
fait quand on veut que la lumière sorte de la discussion.

---

(1) Ce chapitre a été publié dans le *Moniteur*, le 15 juillet. Les journaux du 13 étaient remplis de nouvelles attaques contre la conversion ;
et le 14, un journal répondant au chapitre 1.ᵉʳ, publié le 13, disait que
la *lice était* TERMINÉE, c'est-à-dire *fermée.*

CHAPITRE IV.

Des effets de la loi de la conversion relativement au Trésor public.

» VOTRE opération est ruineuse pour le Trésor, a dit
» encore l'opposition ; car vous constituez un capital de
» 100 francs pour 3 francs de rente : ainsi vous accordez
» 33 fr. 1/3 pour chaque franc, tandis que le créancier
» ne vous en a donné que 75. Ainsi, 5 francs de
» rente ne seront remboursables que pour 166 francs
» 2/3 ; et par conséquent il y a une augmentation de ca-
» pital montant à 66 fr. 2/3 pour 5 fr. ; c'est-à-dire que le
» capital de la dette se trouve porté aux deux tiers en
» sus. »

Dans les premiers momens, cette objection parut
puissante ; elle séduisit beaucoup de monde. Depuis cette
époque, on a généralement reconnu une première erreur ;
on a senti que si chaque 1 fr. de la nouvelle rente cor-
respondait à un capital de 33 1/3, il y avait, par l'effet
de la conversion, moins de francs de rentes à racheter, et
que par conséquent l'accroissement du capital ne serait pas
aussi considérable qu'il paraît l'être. Je m'explique : chaque
bon de 5 francs de rente convertie ayant été remplacé par
4 fr., il n'y a plus que 4 fr. à racheter sur 5, et par
conséquent le capital 100 fr. se trouve effectivement remplacé par 133 fr. 1/3, et non par 166 fr. 2/3, comme
on l'avait dit d'abord.

L'opposition a dû reconnaître cette vérité incontestable ; aussi n'est-il plus question aujourd'hui que de
l'augmentation de 33 fr. 1/3 sur 100 fr., qui revient à

celle de 25 francs sur 75, c'est-à-dire au tiers en sus de l'ancien capital. Or, en raisonnant sur cette augmentation ainsi considérée, nous avons déjà fait remarquer qu'elle était la compensation nécessaire de l'abandon du cinquième de la rente annuelle, cinquième que l'État payait et qu'il ne paie plus.

Mais voici, à cet égard, de nouvelles considérations qui ont échappé aux adversaires de la loi :

1.º Au bout de la première année, l'État a conservé dans ses caisses 1 franc sur les 5 francs de rente annuelle qu'il payait avant la conversion. Au bout de la seconde, il a eu 2 fr. de réserve; il en aura 3 au bout de trois ans, et ainsi de suite. Il aura donc recouvré ces 25 francs d'augmentation de capital au bout de vingt-cinq ans, au plus tard : je dis au plus tard, parce qu'en effet il pourrait les recouvrer bien plus tôt s'il faisait produire intérêt à ces économies successives : et lorsqu'il sera ainsi parvenu à se mettre à couvert de l'augmentation de capital, toutes les économies faites sur la rente annuelle tourneront en bénéfice réel (1).

2.º Il n'est pas vrai que l'augmentation de capital soit, en définitive, de 25 francs sur 75. Elle ne sera pas même de 20 francs, pas même de 15 francs; car, l'augmentation réelle n'est point, ne sera point celle qui correspond au taux du remboursement forcé, c'est-à-dire à 100 francs, mais bien celle qui proviendra du prix des rachats faits sur la place. Or, il est d'abord évident pour tout le monde que le prix moyen des rachats du 3 p. 0/0 ne sera pas 100 francs, pas même 95 fr., pas même 90 francs. Porter ce taux moyen à 85 francs, ce serait assurément l'élever aussi

(1) On peut nous dire ici que ce bénéfice ne pourra être fait pendant 20 ans que sur les rentes qui n'auront pas été rachetées. Cela est vrai ; mais ces rentes auront été rachetées à moins de 100 francs : autre bénéfice sur les 25 francs d'accroissement de capital.

haut que possible; et dans ce cas, cet accroissement de capital dont on a fait tant de bruit, cet accroissement de capital qui devait ruiner l'État et les contribuables, monterait à 10 francs sur 75 francs. Ainsi, en dix années il serait couvert par le bénéfice annuel fait sur la rente; et après ces dix années, ce même bénéfice annuel tournerait tout entier et pour toujours au profit de l'État comme au soulagement des contribuables : ou bien, si l'on veut, l'État aura réellement payé 10 francs de capital pour se racheter de 1 franc de rente annuelle. Est-ce donc là ce qui a pu produire tant de terreurs, tant de plaintes, tant d'accusations ? En vérité, la raison demeure confondue à l'aspect de tout ce désordre moral.

Et encore, que l'on y prenne bien garde, je me suis placé dans une hypothèse beaucoup plus défavorable que la réalité, dans une hypothèse que les adversaires de la loi ne sauraient remplacer par aucune supposition plus avantageuse à leur système. Car, ils s'efforcent de persuader au public que le 3 p. 0/0 ne pourra s'élever à plus de 75 francs; et s'il en était ainsi, non-seulement il n'y aurait plus d'augmentation réelle du capital, mais il y aurait diminution dans les charges, sous le rapport du capital, comme sous le rapport de la dette annuelle. C'est, il faut le dire, une étrange contradiction que celle qui consiste à soutenir, d'une part, qu'il y a un accroissement énorme de capital, et à déclarer, d'autre part, que le 3 p. 0/0 n'atteindra jamais un taux plus élevé que 75 francs, c'est-à-dire le taux nécessaire pour qu'il y ait accroissement de capital. Mais le moyen de défendre l'erreur autrement que par des contradictions ? Il y a des règles immuables, il y a des nécessités dans la logique. L'esprit humain ne saurait s'y soustraire; quiconque s'égare doit se contredire.

Laissons là ces subtilités, et revenons aux choses vraies, aux choses positives.

En fait positif, l'État gagne aujourd'hui sous le double rapport du capital et des intérêts, parce que le prix de la rente 3 p. 0/0 est inférieur au prix correspondant du 5. Il gagnera tant que les choses se passeront ainsi, c'est-à-dire tant que les joueurs ne sauront pas mieux calculer. Et ce bénéfice n'est pas peu considérable ; car, les rachats ayant été faits à un taux moindre que 66 francs, il s'est élevé à plus de 9 francs pour chaque bon de 3 francs de rente ; et il n'aurait été que de 2 francs au plus pour chaque bon de 5 francs de l'ancienne rente, puisque le taux moyen de cette rente a été 98 francs et plus ; ce qui établit à l'avantage du trésor une différence de 7 à 8 francs pour chaque bon de 3 francs. On reconnaîtrait même qu'elle va au-delà, et qu'elle s'élève à 9 francs moins une petite fraction, si l'on comparait, non pas le prix de 3 francs de la nouvelle rente avec le prix de 5 de l'ancienne, comme nous venons de le faire, mais bien le prix de 3 francs de l'une avec le prix de 3 francs 3/4 de l'autre, ainsi que cela convient d'après la correspondance qui existe.

Ici se présente une objection à laquelle nous devons répondre d'avance. On nous dira que, si l'État a gagné, il faut bien que quelqu'un ait perdu, et que par conséquent la conversion a été funeste à ceux qui ont converti. — Eh, sans doute, il y a perte pour ceux qui ont converti au taux de 75 fr., et qui ont consenti à vendre pour moins de 75 fr. Mais cette perte ne provient pas de la conversion, elle provient de la vente faite à trop bas prix, comme la perte supportée par les possesseurs des 5 p. 0/0 qui, après avoir acheté à 100 fr. et plus, ont revendu à moins de 100 fr. L'État aurait gagné aussi sur ces derniers, s'il eût racheté du 5, aulieu de racheter du 3 ; et pourtant, ce n'est pas la conversion qui lui aurait procuré ce bénéfice. Encore une fois, lorsque l'on veut raisonner juste, il ne faut pas s'arrêter à une pensée superficielle et incomplète; il faut aller au fond des choses. Poursuivons.

On nous dira encore, et on nous dira avec raison que le bénéfice fait par l'État n'est qu'éventuel. Loin de contester cette assertion, qui pourtant ne s'accorde guère avec la prétendue impossibilité de l'élévation du 3 au-dessus de 75 fr., nous l'adoptons, au contraire, et nous faisons des vœux pour qu'elle se réalise, puisque le crédit de la France en dépend : mais d'abord, il est à remarquer que la Caisse d'amortissement n'aurait perdu, à la fin de l'année prochaine, la totalité des bénéfices qu'elle a faits cette année, que dans le cas où le taux moyen du 3 p. 0/0 s'éleverait au-dessus de 75 , autant qu'il a été au-dessous jusqu'à ce jour, c'est-à-dire dans le cas où ce taux moyen serait 84 fr. — Et en outre, si cette élévation avait lieu, nous ne pourrions que nous en féliciter, puisque ce serait le signe certain de l'accroissement du crédit, accroissement dont la conséquence nécessaire est la possibilité d'emprunter à meilleur marché, c'est-à-dire de payer une rente moins considérable pour le même capital versé dans nos caisses, ou d'emprunter une somme plus forte pour un même intérêt.

Et c'est là, en effet, l'avantage que présente le crédit , avantage immense , puisque , par l'effet du crédit, une nation égale à une autre en force et en richesses peut l'emporter sur elle dans une lutte décisive, et que même une nation moins puissante sous tous les autres rapports peut prendre le premier rang. D'où il suit qu'un gouvernement a bien mérité de son pays quand il en a élevé le crédit, et que tous ceux qui l'ont secondé dans cette utile opération doivent s'applaudir de l'avoir fait, à moins que cet accroissement de crédit n'ait été acquis par des moyens injustes, ou qu'il n'ait été trop chèrement acheté.

Or, rien n'a été, rien n'a pu être injuste dans une

loi de conversion facultative. En second lieu , il suit de ce qui vient d'être dit, que, matériellement, cette loi a produit pour l'État des bénéfices réels; que ces bénéfices ont été considérables ; que l'État ne cessera d'en faire qu'à partir du jour où le 3 p. 0/0 aura dépassé sans retour le taux de 75 francs ; et alors il arrivera deux choses, savoir : 1.° Que l'État n'aura perdu ces mêmes bénéfices qu'après l'expiration du temps pendant lequel le taux moyen se sera maintenu autant au-dessus de 75 fr. qu'il était précédemment au-dessous; 2.ᵈ que dès le moment où le pair sera dépassé, le but de la loi sera atteint, puisque le crédit de l'État sera élevé par ce seul fait.

Il nous reste à apprécier cette élévation du crédit , à en montrer les avantages , à comparer ces avantages avec les sacrifices qui pourront en précéder la jouissance ; à comparer également notre position , sous ce rapport, avec celle où nous serions si la conversion n'avait pas eu lieu ; à voir enfin si le crédit aurait pu s'élever avec autant de facilité , avec autant de rapidité , dans le système du 5 p. 0/0 ; si même cette élévation aurait été possible , et si, dans tout état de choses , elle n'aurait pas été payée beaucoup plus chèrement qu'elle ne peut l'être et qu'elle ne le sera dans le nouveau système.

CHAPITRE V.

Du Crédit public et des effets de la conversion sous ce rapport.

CE n'est pas, comme on le pense communément, une idée vague que celle du crédit; c'est une idée positive qui peut être exprimée avec précision et clarté. Le crédit n'est autre chose que le *rapport qui existe entre le capital qu'on emprunte et l'intérêt que l'on paie pour ce capital.* Cette définition s'applique aux États comme aux particuliers.

Il suit de-là que le crédit d'un pays n'est pas précisément représenté par le rapport qui existe entre le prix de la rente sur la place et l'intérêt qu'elle rapporte. Car, si le prix d'une rente constituée, celui d'une rente à 5 p. 0/0, par exemple, est 95 fr., l'État ne pourra pas trouver de capitalistes qui lui prêtent à ce taux, puisque ceux qui conclueraient un pareil marché ne pourraient pas avoir ce que les capitalistes cherchent en pareil cas, un bénéfice sur le prix de vente; mais il en trouvera, sans aucun doute, qui lui prêteront 88 ou 90 francs pour 5 francs de rente, si l'emprunt qu'il veut faire n'est pas assez considérable pour en faire baisser le taux de plus de 3 ou 4 francs; car il y aura dès-lors un bénéfice assuré pour le prêteur. — On doit donc, en ce cas, apprécier le crédit par le rapport de 88 ou de 90 à 5, c'est-à-dire qu'il doit être représenté par 17 ou 18. De même, si une rente constituée à 3 p. 0/0 se vendait 81 fr., par exemple, le crédit devrait être représenté par le rapport de 75 ou 76 à 3, c'est-à-dire par 25 ou 26, et non par le rapport de 81 à 3. Mais du moins est-il vrai de dire que plus le taux de la rente est élevé, plus le crédit est grand.

Si nous appliquons ces principes à notre 3 p. 0/0, nous reconnaîtrons que, loin d'affaiblir le crédit de notre pays, comme on l'a dit, comme on s'efforce de le redire encore, la création de cette espèce de rente l'a déjà élevé, puisque le rapport de 66 à 3 est plus grand que celui de 98 à 5. Aujourd'hui ce crédit est réellement représenté, dans le système du 3 p. 0/0, par le rapport de 60 à 3, c'est-à-dire par 20 ; et dans le système du 5, il l'est par le rapport de 92 à 5, c'est-à-dire par 18 à peu près. Et si le taux du 3 vient à monter seulement jusqu'au pair actuel, c'est-à-dire jusqu'à 75 francs, il sera établi en fait que l'État peut trouver, non pas précisément 25 francs, mais bien certainement 22 ou 23 francs de capital pour un bon de 1 franc de rente ; tandis que, sans la conversion, il ne serait pas en position de trouver 20 francs pour le même intérêt. Que si le prix du 3 s'élevait au-delà de 75 francs, l'avantage deviendrait plus grand encore.

Il n'y a qu'une seule objection possible contre ce raisonnement mathématique : c'est que, *sans la conversion, le 5 se serait élevé bien au-dessus du pair*, et que par conséquent on aurait atteint le même but. Nos adversaires vont même jusqu'à dire : *qu'on l'aurait atteint plus sûrement, et que le 3 a entraîné le 5 dans ce qu'ils appellent sa chute.* — Il est difficile d'opposer les armes de la logique à de semblables assertions. Quand un argument repose sur une base quelconque, on peut examiner cette base et montrer en quoi elle est vicieuse ; mais quand il n'y en a aucune, le plus court parti, à ce qu'il semble, est de considérer l'assertion comme non avenue ; et, logiquement parlant, on est en droit de le faire, par cela seul qu'une assertion sans preuve n'est d'aucune valeur. Mais on nous oppose un fait, on dit : *Les fonds ont baissé après la création du 3, donc c'est le 3 qui a causé la baisse.* — Je réponds qu'on ne prouve rien en citant un fait, si l'on ne démontre pas que ce fait est une cause, et une cause suffisante. Ainsi, il ne suffit pas de dire que les fonds ont baissé à l'époque de l'émission du 3; on n'en peut rien conclure, absolument rien, si l'on ne démontre pas que la conversion était par elle-même une cause suffisante pour déterminer la baisse. Or, il est, je ne crains pas de le dire, impossible de donner cette démonstration; et nous pourrions soutenir avec tout autant de raison que sans la conversion la baisse aurait été plus considérable. Nous le pourrions alors même que nous n'aurions, non plus que nos adversaires, aucun argument à faire valoir en faveur de cette assertion contradictoire. Mais nous sommes loin d'en être dépourvus comme eux; car, le premier effet de la conversion a été d'amortir 6,000,000 de rente en un seul jour, et par conséquent de soutenir le prix de la rente sur la place.

On peut nier, si on le veut, quoique avec bien peu de raison, l'efficacité de l'amortissement sur la hausse des fonds publics; mais assurément il faudrait mettre l'absurde à la place de l'évidence pour soutenir qu'une opération qui réduit la dette de 6,000,000 de rentes porte en soi une cause de baisse. Nous objecterait-on le prétendu accroissement du capital? Mais j'ai répondu d'avance à cette objection en exposant la théorie de l'amortissement, et en prouvant que, sous le double rapport de l'intérêt et du capital, la Caisse d'amortissement faisait deux opérations identiques en rachetant du 5 à 100, ou du 3 à 75. Le capital de la dette est le même, pour l'amortissement, quand la rente 3 p. 0/0 se vend 75 fr. que lorsque le 5 se vend 100 fr.; il est moindre, quand la rente 3 p. 0/0 se vend à un taux moindre que le taux correspondant du 5; il ne peut devenir plus grand que dans le cas où le taux du 3 surpasse 75 ; or, ce cas correspond à la hausse, et par conséquent les causes qui l'accompagnent et le déterminent ne sont pas des causes de baisse.

En réalité, il n'y a pas eu jusqu'à ce jour accroissement de capital pour les rachats à effectuer par la Caisse d'amortissement : cet accroissement ne pouvait avoir lieu que dans le cas de la hausse, c'est-à-dire dans le cas de l'élévation du crédit ; et si la crainte de cet accroissement eut dû amener la baisse, cette crainte aurait produit son effet sur le 5 *existant seul* aussi bien que sur les deux fonds *existant ensemble*, puisque le 5 avait dépassé le pair, et que, suivant le système de l'opposition, il aurait dû s'élever à 115, 120, 125, ce qui suppose bien aussi un accroissement de capital.

Ainsi, je le répète, ce n'est pas la création du 3, ce n'est pas la conversion qui a produit la baisse ; car, loin de porter en soi une cause capable de produire un semblable effet, cette opération renfermait une cause contraire. Et l'on sait bien qu'en effet, ce résultat, qu'il est impossible d'expliquer par là, s'explique tout naturellement par des causes étrangères et heureusement accidentelles.

J'ajoute que l'existence du 3 doit nécessairement favoriser le développement du crédit, et que, dans tout état de choses, le crédit s'élevera plus facilement et plus rapidement qu'il n'aurait pu le faire si le 5 eût continué à rester seul sur la place. Car, une rente peut, avec des circonstances favorables, acquérir une valeur très-voisine du pair du remboursement forcé, et s'y maintenir ; mais, s'il est possible qu'elle s'élève au-dessus de ce pair, elle ne saurait s'y soutenir constamment, privée qu'elle serait du secours de l'amortissement, et menacée incessamment du remboursement forcé ou de la conversion. Le 3 peut donc s'élever à un taux intermédiaire entre 75 et 100 ; cela est dans l'ordre naturel des choses : mais il n'était pas dans l'ordre naturel que le 5 pût se soutenir au-dessus de 100. — Je reviendrai d'ailleurs sur cet article, et je compléterai ces preuves.

La conséquence nécessaire de tout cela est non-seulement que la conversion n'a pas été funeste aux intérêts de l'État, non-seulement qu'elle n'a pas pu nuire au crédit, mais que même elle a dû lui prêter un utile appui dans les temps de crise par lesquels nous avons passé, et qu'elle doit nécessairement en favoriser le développement futur.

Mais ne nous en tenons pas à ces premiers aperçus ; comparons les deux systèmes : supposons, si on le veut, pour un moment, que le crédit se fût élevé sans le secours de la conversion ; voyons qu'elles eussent été les conditions nécessaires de cet accroissement ; voyons aussi quelles en eussent été les conséquences, et rapprochons-les des circonstances qui accompagnent l'accroissement du crédit dans le nouveau système.

On ne niera pas d'abord que cet accroissement ne soit, comme nous venons de le dire, plus facile, et par conséquent plus probable dans le système du 3 que dans celui du 5 ; car, 1.º le rapport de 60 à 3 étant le même que celui de 100 à 5, la correspondance s'établit ici, non plus entre 75 et 100, mais entre 60 et 100 ; et l'expérience, comme le calcul, prouve que le 3 se vend et se vendra toujours plus aisément au-dessus de 60 fr. que le 5 au-dessus de 100 fr. ; — 2.º le 3 s'élevera même plus facilement et plus sûrement au-dessus de 75 fr. que le 5 au-dessus de 100 fr. puisqu'il aura le secours de l'amortissement et puisqu'il ne ne sera pas menacé du remboursement forcé. Les choses se passeront ainsi, du moins quand le public, mieux

éclairé, aura apprécié à leur juste valeur les faux argumens de l'opposition ; — 3.° le crédit étant représenté, à
quelques unités près, dans le système du 3 , par le rapport
du prix de la rente au nombre 3, il suffit que ce prix de
la rente monte à 3 fr. de plus pour que le crédit soit élevé
de 1 fr. ; et, dans le système du 5 , le même accroissement de crédit ne peut être obtenu que par une augmentation de 5 fr. dans le prix de la rente. Or, on ne niera
pas non plus, je l'espère, que la première de ces deux
choses ne soit plus facile et plutôt accomplie que la seconde : ainsi, par l'effet de la conversion des rentes, l'élévation du crédit public est devenue plus facile ; elle sera
nécessairement plus rapide, et déjà cette élévation est un
fait commencé.

Mais faisons maintenant une dernière concession aux
adversaires du projet de loi. Supposons, contre toute évidence, contre toute vérité, que le crédit se fût élevé avec
la même facilité, avec la même rapidité , dans l'ancien
système que dans le nouveau ; supposons que le 5 fût
monté successivement à 105 , à 110 , à 115 , à 120 , à
125 francs, &c...... auquel cas le crédit serait monté
lui-même à-peu-près à 20 francs, 21 francs, 22 francs,
23 francs, 24 francs, &c....., dans les mêmes circonstances où le 3 p. 0/0 se trouvera à 63, 66, 69 , 72 ,
75 francs, et où le crédit relatif à ce système de rentes
s'élèvera aux hauteurs à-peu-près correspondantes. Combien l'État aurait-il payé ces accroissemens de crédit dans
le premier cas , et combien les aura-t-il payés dans la seconde hypothèse ? Telle est la dernière question qu'il
s'agit de résoudre pour apprécier les avantages ou les in-
convéniens des deux systèmes.

Pour que le crédit s'élève de 1 franc dans le système
du 5 p. 0/0, il faut, avons-nous dit, que le taux de la
rente s'élève de 5 francs. Or, 5 francs font le vingtième

du pair 100 francs ; il y a donc alors augmentation du vingtième dans le capital de la dette constituée en 5 p. 0/0, quel que soit d'ailleurs ce capital. Pour que le crédit s'élève également de 1 franc dans le système de 3 p. 0/0, il suffit que le taux de la rente s'élève de 3 francs, ce qui augmente le capital de la dette constituée en 3 p. 0/0, de 3/75 ou de 3/100, c'est-à-dire, du 25.e ou du 33.e, suivant que le pair est 75 ou 100. L'hypothèse la plus défavorable est évidemment la première, puisque c'est celle où l'accroissement de crédit, dans le système du 3, est le plus chèrement payé. Pour accorder à nos adversaires tous les avantages possibles, je raisonnerai donc dans cette hypothèse, qui d'ailleurs est conforme à l'état actuel des choses. — Toujours est-il vrai que, d'après cette même hypothèse, 1 franc d'augmentation de crédit coûterait plus cher à l'amortissement dans le système du 5 que dans le système du 3, alors même que la dette constituée en 5 p. 0/0 ne serait pas plus considérable que la dette constituée en 3, puisque le 1/20e d'une somme est plus grand que le 1/25.e de la même somme. Le rapport des prix serait celui de 1/20e à 1/25e, c'est-à-dire, de 5 à 4.

Ainsi, par exemple, sur une dette de 4,000,000,000, qui était à-peu-près la nôtre à l'époque de la conversion, l'élévation de 1 franc de crédit aurait coûté le vingtième de 4,000,000,000, c'est-à-dire, 200,000,000, dans le système du 5 p. 0/0 ; et le même accroissement de crédit, pour une dette équivalente qui serait constituée à 3 p. 0/0, ne coûterait que 160,000,000 ; différence 40,000,000. De même, l'élévation de 2 francs de crédit coûterait 400,000,000 dans le premier système, et 320,000,000 dans le second ; différence, 80,000,000. Cette différence, en un mot, serait égale à 40,000,000, pris autant de fois qu'il y aurait d'unités dans l'accroissement du crédit. Ainsi, elle serait de 400,000,000 pour

10 francs de plus de crédit. Tel est, sous ce point de vue, l'avantage qu'aurait présenté la conversion totale de la rente 5 p. 0/0.

Que si, considérant les choses dans l'état où elles sont, on opère sur les deux masses de dette constituée, c'est-à-dire sur les 750,000,000 du capital correspondant à la rente 3 p. 0/0, et sur les 3,000,000,000 qui composent à-peu-près le capital de la rente 5 p. 0/0 (1), on trouvera des résultats bien autrement avantageux; car 1 fr. d'augmentation de crédit dans le système du 5 coûte 1/20 de 3,000,000,000, ou 150,000,000, et la même augmentation dans le système du 3 ne coûte que 1/25 de 750,000,000, c'est-à-dire 30,000,000 ; différence 120,000,000. — Pour 2 fr. d'augmentation de crédit, cette différence serait 240,000,000; et pour 10 fr., elle serait de 1,200,000,000.

Encore ai-je supposé dans tout ceci que les deux rentes étaient au pair du rachat, c'est-à-dire l'une à 100 fr. et l'autre à 75 fr. : or j'ai déjà dit que la rente 3 p. 0/0 à 60 fr. donnait le même crédit que le 5 p. 0/0 à 100; et quand le 3 p. 0/0 n'est qu'à 60, on rachète le capital à raison de 60 fr., au lieu de 75 fr. pour 3 fr.; par conséquent le capital de la dette en 3 p. 0/0 n'est alors que de 600,000,000, au lieu de 750,000,000 : donc 1 fr. d'accroissement de crédit, dans ce système, n'augmente réellement le capital de la dette que de 1/20 de 600 millions, c'est-à-dire de 24,000,000 au lieu de 30,000,000; ce qui, pour 1 fr. d'accroissement de crédit, donnerait 126,000,000 de différence, au lieu de 120,000,000. — Et c'est là le véritable état des choses, puisque l'on doit

---

(1) Je néglige ici plusieurs centaines de millions, ce qui est tout à l'avantage du système de l'opposition, puisque le sacrifice augmente en raison de la masse.

4..

effectivement partir des deux points où le crédit est le même, c'est-à-dire de 100 et de 60.

Mais ce n'est pas tout encore, et les avantages que présente le 3 sont bien autrement considérables qu'il ne paraissent l'être d'après ce premier aperçu, tout immenses qu'ils soient déjà. En effet, nous avons dit que les rachats journaliers qui sont faits par la Caisse d'amortissement produisaient à l'État un bénéfice réel, quand ils s'effectuaient à un taux inférieur au taux correspondant du 5 ; au-dessous de 75 francs, par exemple, lorsque le 5 est à 100 francs. Or, ici nous partons du point où, le 5 étant à 100 francs, le 3 est à 60 francs : il y a donc d'abord un bénéfice de 15 fr. dans le rachat de chaque bon de 3 fr. de rente, c'est-à-dire un bénéfice des 15/75, ou des 5/25 de la totalité de la dette constituée en 3 p. 0/0. Ce bénéfice se réduit à 12 fr. pour chaque bon de 3 fr., c'est-à-dire aux 12/75, ou aux 4/25 de la dette, lorsque le taux du 3 s'est élevé à 63 fr. ; puis à 9 fr. pour chaque bon de 3 fr., c'est-à-dire aux 9/75 ou aux 3/25 de la dette, lorsque, le taux du 3 étant monté à 66 fr., le crédit s'est élevé de 2 fr., &c. &c. Enfin, ce même bénéfice devient nul lorsque, le taux du 3 étant monté à 75, le crédit s'est élevé de 5 francs. Jusques-là, non-seulement l'augmentation de crédit ne coûte rien à l'État, mais encore elle s'effectue avec profit dans les rachats ; et ce profit, qui serait précisément les 5/25 de la dette constituée en 3, si on la rachetait toute entière à 60 francs, qui en serait les 4/25 si on la rachetait toute entière à 63 f. &c., est, dans le premier cas, les 5/25 de ce que l'on rachète à ce premier taux, puis les 4/25 de ce que l'on rachète au second taux, c'est-à-dire au taux de 63 francs, ainsi de suite. On voit par là qu'en effet le bénéfice diminue de 1/25 de la masse qu'on rachète, à mesure que le crédit s'élève de 1 fr. ; mais qu'il reste successivement, pour

(53)

profit réel, les 4/25, les 3/25, les 2/25 et enfin le 1/25 de cette masse, jusqu'à ce que le taux de la rente étant monté à 75 francs, et le crédit s'étant élevé de 5 francs, les bénéfices cessent. —Que si le crédit augmente encore de 5 francs de plus, c'est-à-dire si le taux du 3 s'élève de 75 à 90, alors, et seulement alors, l'État commencera à le payer; mais il le paiera avec les bénéfices qu'il aura faits antérieurement, jusqu'à ce que du moins ils soient épuisés.

Ainsi donc, en réalité,

1.° La conversion, dans laquelle on a voulu voir une mesure si désastreuse, procurera à la France un accroissement de 5 francs de crédit, qui non-seulement ne sera pas trop chèrement payé, mais qui s'effectuera avec des bénéfices journaliers et considérables pour l'amortissement.

2.° Cette opération aura peut-être même, en définitive, élevé le crédit de 8 à 10 francs, sans qu'il en ait rien coûté; et de plus, il ne serait pas impossible qu'un avantage si précieux pour le pays fût, comme le premier accroissement dont je viens de parler, accompagné d'un profit réel pour l'amortissement. Cela dépendra des circonstances suivant lesquelles l'accroissement s'effectuera.

Quelque défavorables que pussent être les circonstances pour le système du 3, et quelque propices qu'elles soient au système du 5, l'accroissement de 10 fr. de crédit ne coûtera pas, dans le premier de ces deux systèmes, la cinquième partie de ce qu'il aurait coûté dans le système du 5; car il ne saurait coûter plus de 10 fois 30,000,000 dans l'un, ni moins de 10 fois 150,000,000 dans l'autre.

Et, qu'on le remarque bien, si l'on veut acquérir sur tout ceci des notions positives, je néglige, pour entrer dans l'hypothèse la plus défavorable, tous les bénéfices qu'aurait faits la Caisse d'amortissement à l'époque où le 3 sera parvenu au taux de 75 fr. Cependant, si le taux moyen du 3 était 66 fr. pendant deux ou trois ans, ces bénéfices compenseraient les sacrifices que, pendant le même laps de temps on aurait à faire avec un taux moyen porté jusqu'à 84 fr., c'est-à-dire avec un taux moyen qui suppose bien le prix de la rente 3 p. 0/0 élevé jusqu'à 90 fr. et plus. Et comme, au bout de cinq à six ans, l'amortissement aurait racheté une très-grande partie de la dette 3 p. 0/0, la vingt-cinquième partie de ce qui resterait, c'est-à-dire ce qui devrait alors servir de base à tous les calculs, serait considérablement diminuée; elle se trouverait réduite de plus de moité, si, pendant ce même laps de temps, l'amortissement avait agi constamment sur le 3, c'est-à-dire si le taux de cette rente avait été constamment inférieur au taux correspondant du 5; et par conséquent alors, le sacrifice à faire, au lieu d'être calculé d'après la vingt-cinquième partie de 750,000,000, ne devrait plus l'être que d'après la vingt-cinquième partie de 300,000,000 environ, ce qui le rendait presque nul comparativement à un avantage si considérable.

Que si le 3 p. 0/0 monte plus rapidement, le crédit coûtera plus cher; mais d'abord, la France jouira plus tôt des avantages qui y sont attachés; en second lieu, le sacrifice sera toujours inférieur à la limite que nous avons déterminée; et en troisième lieu, ce sacrifice ne s'élevera pas, comme je l'ai dit et prouvé, à la cinquième partie de celui qu'il aurait fallu faire dans le système du 5 p. 0/0.

Ce qui précède suffit, sans doute, pour mettre en évidence toute la supériorité du nouveau système sur l'ancien : et pourtant nous pourrions établir cette supériorité par un grand nombre d'autres considérations que nous avons négligées. Il en est une toutefois que nous ne saurions négliger comme les autres, parce qu'elle vient jeter le dernier trait de lumière sur cette grande question : c'est que, sans la conversion, sans la création d'une rente à un intérêt moindre que 5 , l'élévation du crédit n'eût pas été possible. En effet, j'ai déjà dit que si une rente pouvait monter au-dessus du pair, elle ne pouvait pas du moins s'y soutenir. Cela résulte, comme je l'ai fait observer, de la privation du secours de l'amortissement et de la crainte du remboursement forcé. Assurément il serait difficile de considérer comme nul l'effet de quatre-vingts millions agissant annuellement sur la place, et de soutenir que la privation d'un pareil secours serait inaperçue. Toutefois, il ne serait pas absolument impossible qu'un fonds public se maintînt au-dessus du pair malgré cette privation. Mais il n'en saurait plus être ainsi lorsque ce fonds est menacé d'un remboursement forcé : car, dans ce cas, il n'y a plus que les joueurs et même que les joueurs les plus téméraires, qui puissent acheter; en second lieu, ceux-là même ne peuvent acheter qu'avec une grande circonspection, puisque la hausse devient fort douteuse, et la baisse très-probable et très-prochaine ; en troisième lieu, lorsque les choses sont arrivées à ce point, les spéculateurs doivent pousser à la baisse, qui les ferait rentrer dans une position moins hasardeuse, et non à la hausse, qui peut les ruiner; enfin c'est un acte d'imprudence extrême, sinon de folie, que d'acheter pour 110 francs, pour 120 francs, pour 130 francs, etc., ce que le Gouvernement a le droit de reprendre dans vos mains pour 100 francs, ce qu'il a tant d'intérêt à reprendre, et ce que même il est forcé de reprendre, un peu plus tôt, un peu plus tard. ——Or, si ce n'est pas une chose rare que l'imprudence parmi les spéculateurs, il est vrai de dire cependant que telle n'est pas la disposition d'esprit du plus grand nombre; il est vrai de dire en outre que l'imprudence elle-même a ses limites, et qu'il n'y aurait pas un homme sur la place qui voulût acheter du 5 à 150 francs, à 140 francs, ou même à 110, si le remboursement forcé était imminent, certain, inévitable. C'est donc l'impossibilité de ce remboursement qu'on nous opposera. Hé bien, voyons ce que c'est que cette prétendue impossibilité qui a servi de base à tous les argumens de l'opposition.

Pour que le crédit pût s'élever de 10 fr. dans le système du 5 p. 0/0, il faudrait que le taux de cette rente montât à 150 francs. Je ne pense pas qu'il y ait beaucoup de gens disposés à croire à la possibilité d'un pareil accroissement; et pour ceux qui n'y croient pas, il sera démontré que l'élévation du crédit à 10 francs de plus ne pouvait pas avoir lieu dans ce système comme dans le système du 3. Mais admettons cette hausse de 50 francs dans le taux de la rente 5 p. 0/0. Quelle serait alors la position du Gouvernement, et quelle serait la position des capitalistes? Le rapport de 150 à 5 étant 30, le crédit du Gouvernement serait représenté par 25 au moins. Il pourrait donc faire un emprunt au taux de 25 francs pour 1 franc, c'est-à-dire de 100 francs pour 4 francs de rente; et il aurait intérêt à le faire, puisque cette opération lui donnerait la faculté de rembourser 150 francs avec 100 francs, et de remplacer une rente de 5 francs par une rente de 4 francs; il gagnerait même en accordant un bon de 4 francs de rente pour 95 francs, pour 90 francs, ce qui laisserait encore 10 francs à parcourir au nouveau fonds pour atteindre le pair. De leur côté, les capitalistes auraient un double intérêt à seconder cet emprunt ; car ils ne peuvent pas employer leurs capitaux sur une rente constituée à 5 p. 0/0, lorsque cette rente est arrivée à 150 francs; et en second lieu, le nouvel emprunt leur offrirait des chances de bénéfice. Ainsi, la prétendue impossibilité n'est qu'une chimère, dans cette hypothèse; et l'opposition ne peut pourtant pas raisonner dans une hypothèse différente,

puisque l'élévation du crédit en est inséparable , et que
nos adversaires veulent établir la possibilité de cette élévation du crédit dans le système du 5. De deux choses
l'une : ou l'on reconnaîtra avec nous que le 5 ne pouvait
pas s'élever à 150 , et alors il faudra reconnaître aussi
la conséquence qui en résulte , c'est-à-dire l'impossibilité
d'obtenir jamais , dans ce système , un crédit supérieur
de 10 francs au crédit dont la France jouissait; ou bien,
on voudra soutenir que la rente 5 p. 0/0 pouvait s'é-
lever à 150 francs , et alors il faudra , renversant tout
ce que je viens de dire , montrer que le remboursement
forcé serait impossible , même par parties , malgré l'intérêt commun du Gouvernement et des capitalistes de
l'Europe entière. — Telle est l'alternative où l'opposition
se trouve placée : je le demande , où serait le moyen
d'en faire sortir la raison et la vérité ?

CHAPITRE VI.

Calculs de M. le comte Roy.

JE voulais m'abstenir de toute citation, de toute discussion relative à des opinions individuelles. Il m'avait paru suffisant de donner les moyens de reconnaître les erreurs qu'elles renferment. Mais à défaut de raisonnemens, on m'a opposé l'autorité d'un nom auquel s'attache une haute estime. Un journal a dit *qu'aucune réponse satisfaisante n'avait été faite aux calculs de M. le comte Roy.* Je ne puis croire que le noble pair partage aujourd'hui l'opinion émise par le journaliste, s'il a lu le *Moniteur* dans ces derniers temps. Il a le jugement trop sûr pour n'avoir pas déjà reconnu que les discours qu'il a prononcés reposent sur des bases fautives. Je n'avais pas pensé qu'il fût nécessaire de le dire explicitement, et j'aurais aimé à lui montrer par un acte de déférence et de retenue le cas que je fais de son savoir et de sa haute capacité. Mais, son nom seul pourrait entretenir des doutes qu'il importe de faire disparaître : je ne saurais lui opposer le mien ; je dois donc recourir au raisonnement, qui, comme je l'ai déjà dit, ne reconnaît aucune autorité, quelque imposante qu'elle soit.

J'ouvre d'abord le *Moniteur* du 17 avril 1825, et j'y trouve ces paroles prononcées à la Chambre des pairs, à l'occasion du projet de loi relatif à l'indemnité des émigrés :

« Le projet est établi sur le système d'une dette pu-
» blique à 3 p. 0/0. Or, c'est ce système qu'il faut com-
» battre aussitôt qu'il apparaît, parce qu'il n'y en aurait
» pas de plus funeste pour la fortune publique, pour les

» fortunes particulières, pour la morale et pour le crédit
» qui est devenu une nécessité. D'abord, il rend le rem-
» boursement de la dette impossible, puisque si 3 francs
» de cette rente ne pouvaient être remboursés qu'avec un
» capital de 100 francs, 5 francs de rente ne pourraient
» l'être qu'avec un capital de 166 francs 2/3.; dès-lors,
» les rachats ne devant plus s'arrêter qu'à cette limite,
» l'amortissement ne ferait plus qu'accroître la dette au
» lieu de la diminuer et de l'éteindre. »

Arrêtons-nous ici, et soumettons ce raisonnement à l'analyse.

Et d'abord observons que M. le comte Roy a fort inu-
tilement compliqué la question en parlant de 5 fr. de rentes
3 p. 0/0 rachetés avec 166 francs 2/3, puisque cette opération revient à racheter 1 fr. pour 33 fr. 1/3, ou 3 francs
pour 100 francs. — Il n'y avait pas plus de raison pour
parler ici de 5 fr. que de 7 fr., ou que de toute autre
somme ; il était plus simple de s'en tenir au nombre
rationnel, c'est-à-dire à 3 francs, à moins que le noble orateur n'ait eu pour but de comparer le prix de 5 francs de
la nouvelle rente avec le prix de 5 de l'ancienne, afin
de montrer une grande disproportion entre les deux prix.
Tel a été son but en effet, car il n'a pas pu en avoir
d'autre. — Mais le rapprochement qu'il fait ici est fautif,
puisque 5 fr. de la nouvelle rente correspondent, non
pas à 5 fr., mais à 5 fois 5/4 fr., c'est-à-dire à 25/4 francs
ou enfin à 6 fr. 1/4 de l'ancienne. Or, le prix de 6 fr. 1/4,
de rente 5 p. 0/0 est 125 francs ; ce serait donc entre
les nombres 125 et 166 2/3 qu'il faudrait établir la comparaison, et non pas entre les nombres 100 et 166 2/3 ,
ainsi que M. le comte Roy paraît avoir voulu le faire.
Alors, au lieu d'être conduit à penser qu'il y avait une
augmentation de 66 fr. 2/3 sur 100, c'est-à-dire une
augmentation des 2/3 du capital, on aurait vu que cette

augmentation se réduit à 41 fr. 2/3 sur 125, c'est-à-dire au tiers. Et c'est ce que l'on voit tout aussi bien en appliquant le raisonnement à 3 fr. de rente au lieu de l'appliquer à 5 fr., puisque les 75 fr. de capital réellement donnés pour ces 3 fr. de rente ont la faculté légale de s'élever à 100 fr., c'est-à-dire au tiers en sus.

C'est aussi ce que le noble orateur avait lui-même reconnu d'avance, lorsque, dans son discours du 24 mai 1824, il avait évalué au tiers, et non pas aux deux tiers, l'augmentation du capital. Ainsi, en ce qui tient au remboursement forcé, l'argument de M. le comte Roy se réduit à celui-ci : « Le remboursement de la dette devient impos- » sible, puisque vous ne pourriez le faire qu'avec un capital » montant à un tiers en sus. » Ce fait ainsi posé, nous ne le contesterons plus : mais nous dirons qu'il devient tout-à-fait insignifiant, et qu'on n'en peut tirer aucune conséquence ; car apparemment on ne convertit pas une dette 5 p.^{r} 0/0 en une dette 3 p.^{r} 0/0 avec l'intention de rembourser cette dernière. Pour qu'il fût possible de songer à un pareil remboursement, il faudrait y trouver un avantage ; et pour y trouver un avantage, il faudrait que l'intérêt fût tombé au-dessous de 3 p.^{r} 0/0. Or, non-seulement cela n'est pas arrivé, mais cela n'arrivera pas de long-temps ; et le noble orateur en est au moins aussi convaincu que nous, puisque, dans toutes ses opinions, il place le taux réel de l'intérêt à 5 p.^{r} 0/0. Et l'on s'étonne à bon droit lorsqu'on le voit d'une part s'appuyer sur la possibilité, sur la convenance de ce remboursement, et d'autre part, placer l'intérêt à un taux d'après lequel ce même remboursement ne serait et ne pourrait être qu'une rêverie. Il y a là, effectivement, une contradiction manifeste, et la logique s'accommode mal des contradictions ; ce n'est point par cette voie qu'on arrive à la vérité : aussi la vérité a-t-elle échappé aux calculs de M. le comte Roy, quoiqu'on ait imprimé l'assertion contraire dans un journal. Et d'où vient l'erreur du noble pair ? De ce qu'il n'a pas considéré la question sous son véritable point de vue, de ce qu'il a voulu voir un remboursement imaginaire là où il ne peut réellement y avoir que des rachats à effectuer par le moyen de la Caisse d'amortissement. Il importe peu en effet, ou plutôt il n'importe en rien de savoir ce que l'on aurait à payer pour faire un remboursement forcé que l'on ne fera pas (1). Dès-lors, la question est ramenée aux vérités positives que nous avons expliquées dans les chapitres précédens, c'est-à-dire aux vérités dont il résulte que l'amortissement gagnera, loin de perdre, tant qu'il ne rachetera du 3 pour 0/0 qu'à un taux inférieur au taux correspondant du 5 ; qu'effectivement il y aura surcharge pour cette Caisse quand le 3 pour 0/0 aura dépassé le taux de 75 francs ; mais que loin d'éprouver un dommage, même dans cette hypothèse, l'État aura acquis dès-lors un crédit beaucoup plus que suffisant pour le dédommager : et encore la surcharge ne se fera-t-elle sentir qu'après l'épuisement total des bénéfices faits antérieurement.

Que dirai-je de la dernière pensée comprise dans le paragraphe cité ? « Dès-lors, les rachats ne devant plus s'ar-
» s'arrêter qu'à cette limite (166 francs 2/3 pour 5 francs,
» ou 100 francs pour 3 francs), l'amortissement ne ferait
» plus qu'accroître la dette au lieu de la diminuer et de
» l'éteindre. » — Assurément, M. le comte Roy n'a pas voulu dire, ce que pourtant il paraît avoir dit, qu'après avoir racheté une portion de sa dette à un prix quelconque, à 90 francs, par exemple, l'État devrait encore plus qu'avant ce rachat. Que signifie donc cette phrase ? Je n'y

______

(1) On ne le fera pas, car il est évident que l'amortissement aura racheté la totalité de la dette 3 pour 0/0 avant que l'intérêt soit au-dessous de 3 francs, c'est-à-dire, avant qu'il puisse y avoir profit à rembourser.

vois qu'un sens possible : c'est que, en rachetant avec
90 fr. ce qu'il aurait dû ne racheter que pour 75 fr.,
l'amortissement aura agi comme si l'État avait eu 90 francs
de dette au lieu de 75 francs, c'est-à-dire comme s'il avait
eu une dette plus forte de 15 francs.—J'accorde ce point,
et j'y trouverai, si l'on veut, un accroissement de 15 fr.
de dette ; mais ce ne sera pas le fait de l'amortissement,
c'est-à-dire du rachat, qui aura produit cette augmentation ;
ce sera l'élévation du taux de la rente ; et, loin d'accroître
la dette, le rachat de 3 francs à 90 ne l'aura pas moins
diminuée de 3 francs en rente, ou de 75 francs en capital reçu, ou de 100 francs en capital constitué. Sans
doute, l'amortissement aura employé plus d'argent à faire
ce rachat au taux de 90 francs que s'il l'eût fait au taux de
75 francs, ou à un taux encore moindre ; mais encore une
fois, vous sera-t-il permis de vous en plaindre si vous ac-
quérez par-là un crédit de 30 francs au lieu d'un crédit de
20 fr., ou, plus exactement, un crédit de 27 fr. au lieu
d'un crédit de 17 à 18 fr. ; si vous l'achetez à bien meilleur marché que vous n'auriez pu le faire dans le système du
5 dont vous ne vouliez pas sortir ; si même il est démontré
que jamais vous n'auriez pu obtenir ce crédit dans ce système inextensible? Et des calculs sont-ils exacts quand on
n'y fait entrer que les pertes, quand on ne tient aucun
compte des bénéfices qui les couvrent et qui les dépassent?
A quels résultats, à quelles conséquences ne pourrait-on
pas arriver par cette étrange méthode ? Quoiqu'on puisse
dire et faire, il faut en revenir à considérer la question
comme nous l'avons considérée. Tout y ramène, parce
que la vérité est là, et parce qu'elle y est toute entière.
— Passons.

M. le comte Roy déclare que le projet est funeste à la
fortune publique : je viens d'analyser cette première démonstration ; on voit si elle est fondée : on verra si les

autres le sont davantage ; *aux fortunes particulières ;* il ne dit pas comment, et j'ai démontré le contraire dans les chapitres précédens ; *à la morale publique ;* je l'ai déjà dit et je le répète, un marché facultatif, qui présente des chances probables de bénéfice à ceux qui le contractent, ne saurait mériter une semblable imputation ; *au crédit public :* je renvoie au chapitre V pour faire apprécier l'erreur capitale dans laquelle le noble orateur est tombé à cet égard, et pour montrer combien de considérations lui avaient échappé lorsqu'il prononça cette sentence aventurée.

Que reste-t-il donc de vrai dans le texte que j'ai cité ; et quel parti prétendrait-on tirer de calculs fondés sur des bases si peu solides ? En premier lieu, M. le comte Roy a fait, ou paru faire une comparaison fausse, puisque l'un des deux termes de comparaison était fautif : en second lieu, il a cru voir un accroissement de dette sans compensation là où se trouve un bénéfice certain, et une perte incertaine avec compensation beaucoup plus que suffisante. Assurément, si l'on peut nous opposer des argumens sans réplique, des calculs incontestables, ce n'est pas dans ce premier discours que l'on pourra les prendre.

Mais peut-être aussi n'est-ce pas dans l'opinion ci-dessus que se trouvent ces calculs ? peut-être la tribune des pairs a-t-elle entendu des argumens plus forts, plus puissans, plus décisifs ? Voyons encore :

Dans son discours du 24 mai 1824 (*Moniteur* du 26), le noble orateur dit : « L'unique bénéfice que la con-
» version promette au Trésor consiste dans la réduction
» d'un cinquième sur les intérêts de la dette, c'est-à-dire
» dans une diminution de 28 millions dans les charges
» annuelles ; mais pour obtenir ce résultat, l'État d'un côté
» renonce par le fait à tout remboursement nouveau, et de

» l'autre il augmente le capital de près d'un milliard, en
» accordant au cours de 75 une rente qu'il constitue au
» capital de 100. Chacun de ces points doit donner matière
» à des observations importantes. La renonciation à toute
» réduction nouvelle, jusqu'à ce que l'intérêt de l'argent
» soit descendu au-dessous de 3 p. 0/0, est à elle seule
» une concession bien importante. On peut croire en effet
» que, d'ici à quelques années, l'intérêt de l'argent venant à
» baisser au-dessous de 4, par suite de l'accroissement des
» capitaux, une nouvelle réduction eût été possible; et
» l'État eût vu diminuer ses charges d'une nouvelle somme
» de 28 millions. Dans le système de la loi, au contraire,
» toute réduction ultérieure est impossible jusqu'à ce que
» l'intérêt descende au-dessous de 3 p. 0/0. On paie donc
» réellement l'avantage d'une réduction de 28 millions
» par le sacrifice d'une autre réduction de même somme
» que l'on pouvait espérer, et qui sera réellement perdue
» pour toujours. On se tromperait donc si l'on pensait que
» par-là le Gouvernement s'oblige seulement à ne rem-
» bourser que lorsque les 3 p. 0/0 auront atteint le pair;
» et la vérité est qu'en réduisant brusquement l'intérêt de
» 5 à 3, il renonce à un bénéfice de 2 p. 0/0 pour un
» avantage présent de 1 p. 0/0 seulement. »

Puis, l'orateur ajoute que *l'augmentation du capital
de la dette est plus onéreuse pour l'État;* puis, il parle
de l'Angleterre, ce qui ne prouve rien; puis, enfin, il
dit : *Le vice de l'opération par laquelle on augmente le
capital pour réduire la dette consiste en ce que, l'amortissement n'éteignant plus avec la même somme qu'une
rente moindre, et par suite, qu'une plus faible portion
de la dette en capital, la dépense de l'amortissement
dure plus long-temps, et s'accroît en raison de l'élévation du cours.*

Ce sont là, sans doute, ces calculs auxquels il est

décidé par l'autorité d'un journal, que jusqu'à présent *on n'a pas répondu d'une manière satisfaisante.* Ce sont ceux-là ; car, comme je l'ai déjà fait observer, **M. le** comte Roy avait rectifié lui-même à l'avance ce qu'il **y** a d'inexact dans ceux que nous venons d'analyser : et quand il ne l'aurait pas fait, les choses n'en seraient pas moins réduites à ce qu'elles sont, c'est-à-dire, à une augmentation du tiers, et non pas des deux tiers, sur le capital ; augmentation qui, dans la réalité, peut se réduire à rien, ou presque rien, et qui même, portée au plus haut point possible, serait accompagnée d'avantages immenses et certains. Voyons donc maintenant si ces nouveaux calculs sont assis sur des basses inébranlables.

Et d'abord, remarquons que la dernière partie, celle qui concerne l'accroissement du capital, n'a plus aucune force, aucune valeur, aucune vérité, d'après tout ce que nous avons dit. Faut-il le redire encore ? Elle n'a point de vérité ; car il n'est point vrai que l'État ait à payer 100 fr. pour 3 fr. de rente 3 p. 0/0 : cela ne peut pas arriver ; cela n'arrivera point : et, en définitive, l'État n'aura pas même payé 85 fr. ce que vous lui comptez à 100 fr. Elle n'a aucune force, aucune valeur, 1.° parce que la force manque à tout raisonnement qui s'appuie sur autre chose que la vérité ; 2.° parce que, le fait que vous supposez fût-il vrai, l'État gagnerait à ce surcroît de dépense, et gagnerait énormément par l'élévation du crédit ; loin de perdre comme vous le dites ; 3.° parce que, en restant dans le système du 5, vous n'auriez jamais pu obtenir ces avantages incalculables du crédit, du crédit dont vous proclamez vous-mêmes l'utilité, la nécessité ; 4.° parce que, dans le cas même où vous auriez pu les acquérir avec ce vieux système, vous les eussiez payés beaucoup plus cher. Je l'ai dit et prouvé, il n'y a point augmentation de capital, il n'y a point *rachat d'une moindre portion de la dette*, tant que le taux du 3 est au-dessous de 75 , ou, plus généralement, tant que le taux du 3 est inférieur au taux correspondant du 5 ; il y a au contraire, dans ce cas, extinction d'une portion plus considérable de la dette avec une même somme, ou emploi d'une moindre somme à l'extinction de la même quantité de rentes. Donc vous dites à tort que *l'amortissement éteindra une rente moindre avec la même somme, et que la dépense de l'amortissement durera plus long-temps*. Vos raisonnemens ne pouvaient s'appliquer qu'à un seul cas, celui où l'amortissement agirait sur le 3 parvenu à un taux supérieur au taux correspondant du 5 ; et ce cas est impossible, puisque, l'amortissement se portant alors sur le 5, la perte, s'il y en avait, serait faite sur le 5, et non pas sur le 3. — Direz-vous (et c'est en effet la dernière chose que vous puissiez opposer à des vérités si simples), direz-vous que vous avez raisonné dans l'hypothèse d'une conversion totale, et qu'alors il n'eût plus été loisible de porter l'amortissement sur le 5 ? Mais, en ce cas, vos calculs ne seraient applicables qu'à un état de choses différent de celui qui existe ; on ne pourrait donc plus nous les opposer dans cet état de choses réellement existant ; et vous-même, vous auriez eu tort de les y appliquer en 1825, lorsqu'il s'agissait de ce nouvel état de choses, c'est-à-dire, d'une conversion facultative qui laisserait subsister les deux fonds à-la-fois. — Ce n'est pas tout ; et même en raisonnant dans cette hypothèse chimérique d'une conversion totale, vous auriez eu un autre tort, celui de ne pas tenir compte de la compensation plus que suffisante qui résulterait de l'accroissement du crédit ; accroissement que vous supposez, puisque, dans vos raisonnemens, vous placez le prix du 3 au-dessus de 60 francs, et même au-dessus de 75 francs. Vous n'aviez point aperçu ce côté de la question, cela est clair : mais, pour raisonner juste, il faut voir tout, et tenir compte de tout.

Revenons maintenant à la première assertion, c'est-à-dire, à la prétendue *perte d'un bénéfice de 2 p. 0/0* que l'on aurait faite pour obtenir *un avantage présent de 1 p. 0/0 seulement.* — Sur quoi se fonde-t-elle, cette assertion ? sur la baisse probable de l'intérêt. « On peut « croire, dit M. le comte Roy, que, d'ici à quelques années, » l'intérêt de l'argent venant à baisser au-dessous de 4, une » nouvelle réduction eût été possible ; et l'État eût vu ses » charges diminuées d'une nouvelle somme de 28 millions » (*c'est-à-dire, d'un nouveau cinquième*). » — Ici, les réflexions se pressent en foule. D'abord, M. le comte Roy s'était efforcé de soutenir que 5 était le véritable taux de l'intérêt ; comment donc le voit-il tout-à-coup prêt à tomber au-dessous de 4 ? *Cette baisse aura lieu*, dit-il, *par suite de l'accroissement de capitaux.* Cela se peut : je ne puis ni le contester, ni l'accorder ; mais si 5 est le taux de l'intérêt, comme le dit M. le comte Roy, le Gouvernement fait une chose utile au pays en ne lui faisant plus payer que 4 fr. d'intérêt au lieu de 5 fr. pour le même capital 100 fr. Si le taux de l'intérêt va baisser, s'il va tomber incessamment au-dessous de 4, comme le dit également M. le comte Roy, le Gouvernement fait encore mieux d'affranchir l'État du franc d'intérêt que très-prochainement il paierait de trop et fort mal à propos. Jusque là, sans doute, il n'y a pas lieu à censure contre l'opération ; mais, ajoute M. le comte Roy, *lorsque l'intérêt aurait été tombé au-dessous de 4, une nouvelle réduction eût été possible ; et l'État eût vu diminuer ses charges d'un nouveau cinquième. Dans le système de la loi, au contraire, toute réduction ultérieure est impossible jusqu'à ce que l'intérêt soit tombé au-dessous de 3 p. 0/0.* — Une nouvelle réduction suppose une première réduction ; la diminution d'un nouveau cinquième dans les charges suppose également la diminution d'un premier cinquième. Ainsi, à la prendre dans son sens littéral, cette phrase ne peut s'appliquer qu'au cas où une première réduction aurait été faite, qu'au cas où une première diminution dans les charges aurait déjà été opérée avant la baisse de l'intérêt. Et pourtant M. le comte Roy repoussait cette opération ; il raisonnait dans l'hypothèse où on ne la ferait pas, afin de montrer que, dans cette dernière hypothèse, l'État gagnerait deux cinquièmes au lieu d'un. Tout cela s'accorde assez mal ; mais, comme je suis convaincu qu'il y avait plus de clarté dans sa pensée que dans ses paroles, je cherche cette pensée. Aurait-il voulu dire que, *après la baisse de l'intérêt au-dessous de 4, on aurait pu réduire tout de suite des deux cinquièmes les charges de l'État, tandis que, par l'adoption de la loi, toute réduction, autre que celle du premier cinquième, devient impossible ?* — Mais comment cette réduction des 2/5 aurait-elle pu être effectuée ? Je n'y vois que deux moyens : 1.º la conversion facultative avec accroissement du capital, et M. le comte Roy, la repoussant pour 1/5, n'entendait probablement pas la trouver bonne pour 2/5 ; 2.º la réduction forcée avec menace, et par conséquent avec possibilité du remboursement, c'est-à-dire, avec un emprunt fait au-dessous de 4. Mais d'abord ces expressions, *au-dessous de 4,* sont bien vagues ; il faut s'entendre sur ce point : 3 1/2, par exemple, est au-dessous de 4 ; et pourtant, si 3 1/2 était le taux de l'intérêt, vous ne pourriez pas employer ce second moyen pour réduire la dette des 2/5 ; car, en supposant même que l'on vous prêtât au taux de 3 1/2, ce qui est plus que douteux, puisque cela n'offrirait aucune chance de bénéfice aux préteurs, vous remplaceriez votre 5 par du 3 1/2, et non par du 3. Ainsi, pour que le raisonnement fût juste, il faudrait substituer d'abord à ces expressions, *au-dessous de 4*, celles-ci, *au-dessous de 3*, puisque réellement la réduction des 2/5 de la dette n'aurait pu être opérée par le moyen dont il s'agit, qu'au moment où l'intérêt serait tombé au-dessous de 3. Première erreur, et erreur incontestable. Je pourrais m'en tenir là, puisqu'il en résulte que les calculs de M. Roy sont fautifs. Mais je supposerai, si l'on veut, que le noble pair ait dit, comme il aurait dû le dire dans son système : *Après la baisse de l'intérêt au-dessous de 3 fr., on aurait pu réduire la dette de 2/5, tandis que la loi vous met dans l'impossibilité de la réduire de plus de 1/5.* — Le fait ainsi rectifié serait-il exact? Voyons. Il est de toute évidence que cette possibilité d'une réduction des 2/5 dépend d'une circonstance bien éloignée, s'il est vrai, comme le soutient le noble pair, que le taux actuel de l'intérêt soit 5 p. 0/0 : on aurait racheté une bien grande portion de la dette, avant que les choses fussent arrivées à ce point; car ce n'est pas en un jour que l'intérêt peut baisser de 2 francs, c'est-à-dire, des 2/5, dans un pays où le commerce et l'industrie ont déjà fait de si grands progrès. Assurément, si tout ce que nous avons vu s'accomplir sous nos yeux depuis dix années n'a pas pu le faire baisser de 1 fr., c'est-à-dire, le faire descendre de 5 à 4, il y a lieu de croire que vingt ans et plus s'accompliront avant qu'il tombe de 5 à 3 : et durant ces vingt années (il faut bien que vous le reconnaissiez), la loi que vous blâmez aurait fait rentrer dans vos caisses le capital de l'un de ces deux cinquièmes dont vous annoncez la perte. Ce cinquième ne serait donc pas perdu pour l'État. Mais je veux vous accorder à cet égard tout ce que vous désirerez. Choisissez l'époque de cette baisse, que vous rendez vous-même tout-à-fait improbable, en soutenant qu'elle n'est pas même commencée; placez-la où vous voudrez, à trois ans, à deux ans, à demain si cela vous paraît plus avantageux à votre système : hé bien! si cela arrive demain, qu'en conclurez-vous? que l'État, au lieu d'avoir du 3 p. 0/0, qu'il a donné pour 75 francs, pourrait avoir du 3 donné, non pas pour 100 francs, mais pour 90 ou 92. Vous aurez raison, sans doute; vous aurez raison de dire que l'État a reçu 15, 18, ou même 20 francs de moins qu'il ne pourrait recevoir, et qu'il a par conséquent un bénéfice moindre que celui qu'il aurait pu avoir. Mais d'abord, pour en venir là, il faut poser en fait une chose tout-à-fait éventuelle, ou plutôt il faut sacrifier un bénéfice certain, actuel, et des avantages immenses, à un bénéfice que vous ne pouvez pas raisonnablement espérer tant que sur tout vous maintenez un système de crédit qui s'oppose à la baisse de l'intérêt. Or, s'il est permis de sacrifier un avantage certain, mais peu considérable, à des bénéfices beaucoup plus grands et qui présentent des probabilités presque équivalentes à la certitude, il n'est pas dans les principes d'une bonne administration de sacrifier des profits immenses à des éventualités aussi lointaines que hasardeuses. En second lieu, M. le comte Roy a-t-il bien compris toutes les conséquences de son argument? Quoi donc! lorsque l'intérêt serait encore à 5, il ne faudrait pas constituer une dette à 4, dans la crainte que, l'intérêt venant à baisser, celui que l'on paierait fût trop élevé? Mais alors, quand l'intérêt serait à 4, il ne faudrait pas non plus constituer une dette en 3, dans la crainte que l'interêt ne tombât à deux : quand il serait à 3, on devrait aussi s'abstenir de la constituer en 2. A plus forte raison ne serait-il pas permis d'emprunter à 4 quand le taux de l'intérêt serait 4 ; à 3 quand le taux de l'intérêt serait à 3 ; à 2 quand le taux de l'intérét serait à 2. Ainsi aucun état, aucun particulier, ne devrait emprunter; et pourtant M. le comte Roy reconnait, proclame la nécessité du crédit. Le moyen de concilier tout cela ? Le moyen d'admettre comme toutes-puissantes des objections qui reposent sur de pareilles bases, et qui conduisent nécessairement, forcément, à de pareilles conséquences ?

Faudrait-il désormais suivre l'orateur dans ses développemens? J'en ferai volontiers l'aveu ; j'y trouverais ce qui malheureusement est devenu bien rare, ce respect pour les bienséances qui distinguent l'homme dont le caractère est honorable; j'y trouverais aussi le cachet de la bonne foi et de la conviction; j'y trouverais, à côté de l'erreur, à peu près tout ce qu'il faut pour en garantir quand la question est bien posée, quand les bases du raisonnement et du calcul sont bien choisies, c'est-à-dire, de la méthode et un grand savoir. Mais ce sont les données primitives qu'il n'a pas bien saisies. Le vice était dans ces bases fondamentales ; et quand elles sont fautives, tout le reste l'est d'autant plus nécessairement que les conséquences sont mieux déduites. Il a vu la question là où elle n'était point, et il ne l'a point vue là où elle se trouvait tout entière. D'autres fois il n'en a vu qu'un côté, sans porter ses regards sur le côté opposé.

Ainsi, par exemple, il trouve de l'immoralité dans l'agiotage auquel pourra donner lieu la hausse du 3 p. 0/0 entre 75 francs et 100 fr. ; et pourtant il fonde tout son système d'attaque sur la possibilité d'une baisse dans le taux de l'intérêt, baisse qui suppose bien nécessairement aussi un accroissement considérable dans le prix du 5 pour 0/0, et par conséquent l'agiotage sur le 5, au lieu de l'agiotage sur le 3 ; agiotage bien plus actif même et plus dangereux, puisque les limites correspondantes à 75 et 100 sont 100 et 133 1/3, et qu'il y a plus de marge pour les joueurs entre ces deux derniers nombres qu'entre les deux premiers. —— Et encore ne parlé-je point ici de la position fausse et fort peu morale dans laquelle se trouverait un Gouvernement qui laisserait les joueurs aventurer ainsi leurs capitaux en achetant à 120, 125 et 130 francs, une rente qu'il pourrait incessamment leur rembourser pour 100 francs.

Autre exemple : il fonde une grande partie de ses raisonnemens sur ce que l'intérêt en France n'est pas à 3, mais bien à 5 ; et toute l'opposition a répété avec lui que 5 pour 0/0 était le véritable taux de l'intérêt. Mais on n'a pas vu que la question n'était point là, et qu'il ne s'agissait point du tout de savoir si l'intérêt était à 5, à 6, à 8 ou à 4, mais si l'État pouvait, avec avantage et sans injustice, convertir tout ou partie de la rente 5 pour 0/0 en rente 3 pour 0/0 donnée à 75 francs ; que si cette question pouvait être résolue par l'affirmative, il convenait de faire ou de tenter l'opération, et que dès-lors la question du taux de l'intérêt n'était plus qu'une question oiseuse ; qu'au reste, en considérant même la chose sous ce point de vue, il s'agissait bien moins de réduire l'intérêt que de détruire un obstacle insurmontable qui s'opposait à la réduction. En effet, il est bien difficile, sinon impossible, que l'intérêt baisse au-dessous de 5 pour 0/0 dans un pays où le Gouvernement paie lui-même 5 pour 0/0 d'intérêt, à moins que ce Gouvernement n'inspire aucune confiance. Si donc on veut que l'intérêt puisse baisser, il faut alors que le Gouvernement cesse d'avoir une dette constituée à 5 pour 0/0. Ainsi, quand même, M. Roy et l'opposition auraient eu raison de soutenir que 5 francs étaient le taux de l'intérêt, ce que je ne sais pas, et ce que je ne puis encore une fois ni accorder, ni contester, M. Roy et l'opposition n'eussent rien prouvé par là ; rien, sinon la nécessité de la mesure qu'ils combattaient. Je dis la nécessité ; car c'est d'abord un fait positif et qui n'est contredit par personne, que les propriétaires ne retirent pas plus de 3 fr. de revenu de leurs terres, et qu'il y a par conséquent une sorte d'injustice à leur faire payer 5 fr. de rente pour des capitaux dont les créanciers de l'État ne retireraient pas plus de 3 fr. s'ils les plaçaient en biens-fonds. En second lieu, un pareil état de choses est funeste à la prospérité du pays, puisque, en procurant à ceux qui ne produisent rien des avantages trop considérables sur ceux qui produisent, il tend à affaiblir le goût de l'agriculture et l'amour de la propriété. En troisième lieu enfin, ce même état de choses affecte plus sensiblement encore le commerce et l'industrie, qui, obligés à faire de plus grands sacrifices pour trouver des capitaux, font moins d'entreprises, se voient réduits à vendre plus cher, et, sous ce double rapport, du prix et de la quantité, luttent avec moins d'avantage contre le commerce étranger. Tout cela est si clair, qu'en vérité on ne comprend pas comment une mesure aussi utile a pu trouver tant d'adversaires : car les calculs de M. le comte Roy, fussent-ils vrais, n'auraient aucune autorité réelle auprès de considérations si importantes et si décisives. — Qu'est-ce donc à dire, si, comme je l'ai démontré, l'erreur se trouve dans toutes les bases fondamentales de ces calculs ? Qu'est-ce à dire, s'il a établi ou paru établir entre 100 et 166 2/3 un rapprochement qu'il fallait établir entre 125 et 166 2/3, et même, plus simplement, entre 75 et 100 ; si, dans ses calculs, il a confondu deux choses très-différentes, le remboursement et le rachat sur la place ; s'il n'y a tenu compte que de pertes éventuelles, incertaines, mais possibles néanmoins, sans y faire entrer les bénéfices certains qui, dans les circonstances les plus défavorables que l'on puisse imaginer, dépasseraient de beaucoup ces mêmes pertes ; si, par l'emploi d'une expression vague, je pourrais dire fausse (1), il a fait considérer comme possible une réduction des 2 cinquièmes de la dette lorsque, dans la réalité, cette réduction n'est pas possible, et lorsque l'époque où elle pourrait être opérée est évidemment assez lointaine pour que l'État eût gagné à l'avance le cinquième dont il prétend le constituer en perte ; si enfin ces mêmes calculs, et les conséquences qui en résultent se fondent sur cet étrange principe, qu'un pays dans lequel l'intérêt se trouve à 5 ne doit pas constituer une dette à 4, de peur que, l'intérêt venant à descendre au-dessous de 4, l'État ne puisse plus constituer une dette moins onéreuse ? Ce qui est à dire et ce qu'il faut dire, c'est ce que j'aurais voulu ne pas dire, c'est ce que je n'aurais pas dit si l'on ne m'en eût pas fait une sorte d'obligation : que les calculs de M. le comte Roy sont inexacts en tout point, et que ceux-là se sont trompés complétement, qui, sans recourir aux lumières d'une analyse rigoureuse, en ont fait la base de leur opinion.

---

(1) Assurément, dire qu'une opération sera possible après la baisse de l'intérêt au-dessous de 4, alors que cette possibilité exige une baisse au-dessous de 3, c'est employer une expression fausse.

CHAPITRE VII.

Considérations relatives aux abus de la presse et à l'indemnité. — Conclusion.

Faut-il maintenant passer en revue ces articles de journaux, ces brochures et ces libelles diffamatoires dont quelques écrivains anonymes ont inondé la France durant le cours de deux années ? S'imposer une pareille tâche serait folie. Que pourrions-nous dire en effet à ceux qui ont écrit sous la dictée des passions, lorsque ces passions exercent encore sur leur esprit un empire absolu ? Comment dissiper l'erreur de ceux à qui l'erreur est plus chère que la vérité ? Comment éclairer l'ignorance qui ne sait pas même ce que c'est qu'un raisonnement, qui croit à la toute-puissance d'un argument faux ou superficiel, qui voit dans ce qu'on lui dit tout autre chose que ce qu'on lui dit, et qui réfute avec une confiance superbe la pensée absurde qu'elle a mise elle-même dans des paroles dont elle n'a pu comprendre le sens ? Le moyen de soumettre à l'analyse des aperçus vagues, des idées confuses qui ne se rattachent à rien, qui ne se lient pas même entre elles, et qui s'entassent en désordre sur le papier, comme la matière dans le chaos ? Le moyen sur-tout de convaincre ceux qui repoussent la conviction parce qu'elle les mettrait dans la nécessité d'imposer silence à d'implacables colères, ou de confesser des erreurs qu'ils ont défendues avec trop d'éclat et de persévérance ? Grâce à Dieu, nous savons assez comment les choses marchent ici-bas, pour ne pas entreprendre une pareille tâche. S'il y a des hommes capables de propager le mensonge au profit de leurs intérêts ou de leurs passions, s'il y en a qui pensent que tout est permis contre les dépositaires du pouvoir, et que la mauvaise foi elle-même est une liberté constitutionnelle; nous ne pouvons pas l'ignorer, ces hommes-là ne céderont pas à la vérité la plus évidente. Ils ne l'attaqueront pas de front; ils ne lui laisseront pas son langage, ses expressions ses argumens; ils ne la suivront pas dans ses développemens; ils lui prêteront un langage falsifié qui puisse faire prendre le change, des expressions dénaturées qui l'affaiblissent ou qui la ridiculisent, et des argumens tronqués dont il ne puisse résulter aucune conséquence nécessaire. — Bien assurés que le public n'ira point aux informations, ils triompheront avec faste, non pas de la vérité telle qu'elle est, mais de la vérité telle qu'ils l'auront faite, c'est-à-dire, de la vérité travestie, défigurée, de la vérité devenue méconnaissable. — C'est ainsi que l'on s'efforce aujourd'hui d'éclairer l'opinion publique; c'est ainsi que l'on use de cette liberté précieuse qui devrait rendre et qui rendrait les plus éminens services, si on ne la prostituait pas à des intérêts qui n'ont pas droit d'intervenir dans la discussion des affaires générales. — Aussi des hommes qui ne manquent ni de lumières ni de vues élevées, en sont-ils réduits à douter des avantages qu'elle peut offrir : à l'aspect des maux qu'elle nous a causés jusqu'à présent, à l'aspect des fausses opinions qu'elle a répandues sur les hommes et sur les choses, à l'aspect des réputations qu'elle fait et défait du jour au lendemain, selon que ces réputations deviennent utiles ou nuisibles à telle ou telle coterie, ils se demandent si l'État, si l'honneur de la couronne, si l'honneur et le repos de la France entière, ne sont pas en péril, et si cette même liberté n'est pas une de ces conceptions systématiques dont la société ne peut subir l'épreuve sans être ébranlée jusque dans ses fondemens. Partisan des libertés publiques, sans lesquelles il ne nous paraît plus possible de gouverner les hommes, nous déplorons aussi les excès de la presse; mais elle est à nos yeux une de ces nécessités que les temps ont créées. Il faut se résigner au mal qu'elle peut faire, à celui du moins que l'on ne peut pas empêcher par une législation plus ferme que celle dont l'impuissance est démontrée, et plus large que celle dont on avait précédement essayé. — Tôt ou tard le bon sens public fera le reste; et quand il l'aura fait, cet ouvrage sera plus durable que celui de la censure, dont une nation curieuse et maligne est naturellement ennemie. L'attente a quelques dangers, sans doute; mais elle sera moins longue qu'on ne pense. Laissez faire le charlatanisme politique; il saura bien, malgré lui, prêter secours à ceux qui sentent le besoin de le démasquer; ses maléfices n'iront pas loin dans l'avenir, et toutes ses pompes n'en imposeront pas long-temps à un peuple qui se connaît en véritable grandeur, comme en loyauté. Assurément, les circonstances sont devenues moins faciles qu'elles ne paraissaient devoir l'être dans un pays qui a fait une si cruelle expérience des abus de la liberté; tout homme de bien doit défendre désormais la justice et la vérité par tous les moyens que Dieu lui a donnés; car la justice et la vérité ne se défendent pas seules : mais la nécessité de combattre n'est pas un si grand mal quand on est sûr de la victoire; et là victoire est assuré à qui défend le bon droit. — S'il n'en était pas ainsi, le monde périrait par la licence ou par l'esclavage.

La liberté de la presse est comme le feu; elle a sa fumée, mais elle éclaire. Si on ne la renferme pas dans certaines limites, elle peut tout embraser, tout réduire en cendres. Il faut donc poser ces limites, et tenir la main à ce qu'elles ne soient point dépassées; mais il ne faut pas les resserrer par trop. Encore moins faut-il étouffer la liberté elle-même, sous le prétexte d'en réprimer tous les écarts. Vous le tenteriez vainement aujourd'hui; elle ferait explosion. Voilà ce que tous les hommes éclairés reconnaîtront, lorsqu'aux premiers mouvemens d'une indignation trop légitime auront succédé le sang-froid du mépris et le calme de la réflexion. Mais voilà aussi ce qui paraît avoir été compris par ce Gouvernement que l'on s'efforce de représenter comme ennemi de toutes les libertés publiques, tandis qu'il n'en gène aucune; tandis que lui seul bientôt n'aura plus de libertés, s'il est vrai qu'il en ait encore quelques-unes? Accusation étrange et maladroite, qui montre jusqu'à quel point on compte sur la puissance de la calomnie, mais qui doit tourner à la confusion des calomniateurs. Assurément, si quelque chose est encore évident pour les hommes, ce doit être le scandale affreux qu'offre à tous les regards la licence de la presse : et si jamais une mesure oppressive eût pu être justifiée, c'est bien dans le temps où nous sommes. Cette mesure n'a cependant pas été prise; la presse est libre, bien libre, et elle use assez amplement de cette liberté contre ceux-là même qui la lui conservent. Depuis trois ans, elle a tout attaqué, tout décrié, tout compromis, les hommes investis de la confiance d'un Roi qui porte dans son cœur tout ce que la France aime à trouver dans ses rois, les ordonnances émanées du trône, les actes de l'autorité, les chambres législatives, les lois, les principes les plus nécessaires au maintien de l'ordre social, l'honneur des familles, celui des individus, l'honneur national lui-même, les intérêts privés, les intérêts généraux, la fortune publique enfin, et le crédit de l'État. Les passions se sont introduites jusque dans les calculs, et l'on a trouvé le moyen de faire mentir l'arithmétique elle-même. A la suite de quelques hommes recommandables dont l'esprit s'est égaré dans

de fausses combinaisons, et qui ont fait preuve de capacité jusque dans la défense d'une cause erronée, nous
avons vu se précipiter dans l'arène une foule d'écrivains
que leur ignorance semblait devoir condamner au silence
dans un débat si sérieux, dans une controverse qui suppose, qui exige des connaissances toutes spéciales. Armés de quelques argumens ramassés dans les bas lieux
de la Bourse, ils sont venus discuter ce que très-certainement ils n'entendaient pas; ils sont venus porter dans
le sein de la société, qui les a crus plus habiles qu'elle,
le désordre qui régnait dans leurs cerveaux exaltés. Une
question s'est présentée, que les écrivains de toutes les
opinions devaient traiter dans un seul intérêt, celui de
la prospérité publique et du crédit de l'État ; ils y ont
fait intervenir cet esprit de parti qui, chez nos voisins,
sait toujours s'abstenir lorsqu'il s'agit de semblables discussions. Ils ont demandé aux passions un jugement en
matière de finances. Dans leur politique mal avisée, ils
ont tout remué, tout confondu ; ils ont rapproché ce qui
devait être séparé, ils ont séparé ce qui devait être uni ;
ils ont oublié jusqu'à leurs propres doctrines, ils sont
tombés dans toutes les inconséquences et dans toutes les
contradictions. Ainsi plusieurs d'entre eux, affectant
pour les nobles victimes de la révolution un intérêt plus
réel que celui dont le Gouvernement venait de donner un
témoignage si positif, ont fait néanmoins tout ce qu'il fallait
faire pour leur porter le plus grand préjudice. On les avait
vus d'abord protestant contre l'insuffisance de la justice
royale, on les a vus plus tard mettant tout en œuvre pour
avilir dans les mains de ceux qui en avaient été l'objet, le
papier qui devait leur rendre leur ancien patrimoine.
Aujourd'hui encore, ils nient la possibilité d'une élévation dans le taux de la rente, ils en compriment l'essor,
ils abusent le public autant qu'il est en eux, et ils refu-

sent à la vérité cette publicité dont elle a besoin pour se propager. Aujourd'hui encore, ils proclament l'injustice de la conversion, et ils déclarent que, si la prétendue spoliation de ceux qui ont converti pouvait être justifiée, ce serait parce qu'elle a profité aux émigrés. Malhabiles gens, qui ne voient pas même le tort immense qu'ils feraient à la cause sacrée dont ils prétendent être les soutiens exclusifs, si l'on pouvait les en croire! Plus étranges redresseurs de torts, qui croiraient justifier une mesure spoliatrice en disant qu'elle a profité aux victimes de l'honneur! Et ils nous ont demandé, en écrivains inconsidérés, pourquoi nous n'avions pas fait valoir en faveur de la conversion l'indemnité accordée aux émigrés! Cette raison-là était la meilleure, suivant eux; ils nous l'ont déclaré. Qu'aurions-nous à leur répondre? Ils l'ont ainsi pensé, ils l'ont osé dire! Et peut-être l'ont-ils dit comme ils disent tout, avec une innocence qui tue le bon droit. Avocats novices et mal expérimentés d'une cause qu'ils sont venus défendre quand elle avait triomphé, ils la gâtent, ils la compromettent tous les jours par leurs plaidoyers irréfléchis; et, dans leur jeune ferveur, ils osent accuser d'indifférence ceux dont le Roi a connu lui-même le dévouement et les périls quand il a fallu employer à son service d'autres armes que des plumes scolastiques. Ils s'étonnent de ce que nous ne disons pas ce qu'ils disent: et comment pourrions-nous le faire, s'ils ont dit tout ce qu'il fallait dire pour flétrir une mesure sage, utile, habilement conçue; s'ils ont présenté cette mesure comme un acte d'iniquité, qui reposait sur la déception, qui ne pouvait donner que des bénéfices frauduleux; et s'ils veulent aujourd'hui constituer la dot du malheur et de la fidélité sur ces profits déshonorés? Loin d'admettre, loin de soutenir un système si faux, si funeste à l'honneur de la couronne, à l'honneur national, à l'honneur d'une cause qui ne se fortifie que par la justice, nous disons ce qui heureusement est vrai ; nous soutenons, non pas avec des paroles hasardées, mais avec des preuves positives, ce que les majorités des deux chambres ont reconnu vrai, déclaré vrai devant Dieu et devant les hommes, c'est-à-dire, que la loi de conversion des rentes est une source réelle et féconde de bénéfices pour la France ; que cette source n'a rien d'impur, puisqu'elle ne provient ni d'une spoliation, ni d'une fraude, mais d'un échange volontaire qui peut, qui doit même, selon les probabilités, porter profit à ceux qui l'ont consenti, et d'un accroissement de crédit dont il ne résultera de pertes pour personne ; qu'à la vérité, cette mesure a facilité les moyens de donner au monde l'exemple du plus grand acte de justice qui ait jamais été fait, mais que ces moyens résultent de l'augmentation de ressources que le pays a trouvée dans cette habile mesure, et non pas des dépouilles frauduleusement arrachées aux créanciers de l'État pour en revêtir des hommes qui les eussent repoussées comme une flétrissure : conception odieuse, qui eût suffi pour dégrader la légitimité, qui l'eût couverte, aux yeux des peuples, de la livrée des gouvernemens révolutionnaires, et que le Roi du pays de l'honneur n'eût assurément pas permis de présenter en son nom.

Elles sont graves, bien graves, les erreurs dans lesquelles ces écrivains sont tombés. Et malheureusement elles n'ont pas été pour eux seuls : ils les ont propagées avec tant de persévérance, ils en ont fait tant de bruit, que la raison troublée, inquiète, n'a plus osé prendre confiance en elle-même, et que plus d'une fois elle a accordé à l'erreur la plus funeste aux intérêts de l'État, comme aux intérêts particuliers, toute l'autorité de la chose jugée sans appel. — Et comment en aurait-il pu

être autrement, si nous, qui venons aujourd'hui présenter à nos concitoyens la vérité fondée sur des dé-
monstrations mathématiques, c'est-à-dire, la vérité mise
à l'abri de toute contestation, nous avions fini par nous
sentir moins fermes dans notre opinion primitive, et si
le travail que nous publions aujourd'hui est le résultat
de l'inquiétude qu'on était parvenu à nous inspirer à
nous-mêmes sur notre vote.

Nous le dirons toutefois, cette inquiétude ne nous
aurait apparemment pas préoccupé, si nous n'avions
aperçu dans la lice que des écrivains qui n'ont aucune
mission pour traiter les affaires publiques, qui n'ont
reçu aucun mandat, qui n'ont contracté aucun engagement envers le trône et la société, qui n'encourent
aucune garantie, qui ne signent même pas ce qu'ils écri-
vent, et dont les noms sont, pour la plupart, ignorés
du public (1). — Mais malheureusement des hommes
qui ont acquis une juste célébrité, soit en rendant de
véritables services à leur pays, soit même en défendant
avec un talent distingué une cause qu'ils croyaient bonne,
avaient donné quelque valeur à ces futiles déclamations
qui n'eussent pu être d'aucun poids par elles-mêmes.
L'expérience a trop bien appris à quiconque sait observer la marche des choses dans le monde social, que, à
côté des plus honorables défenseurs d'une cause juste
et raisonnable, viennent souvent se placer des avocats
dont les vues sont moins élevées. — Aussi serait-ce mal
juger que de considérer une cause comme mauvaise
par cela seul qu'il y aurait, parmi ses défenseurs, des
hommes qui emploieraient de mauvais moyens. La saine

---

(1) Ce n'est pas à la profession de journaliste que ces observations
s'adressent; je n'en connais pas de plus honorable en elle-même. Ici,
comme en toute chose, il s'agit des abus et des hommes qui abusent.

raison juge autrement ; et partout où se trouve un homme dont l'opinion peut faire autorité, elle doute, elle examine, elle cherche des lumières. nouvelles ; surtout lorsqu'un grand nombre de voix viennent s'unir à la voix de celui qui avait déjà mis un poids dans la balance. — Voilà pourquoi, après avoir laissé passer deux années consécutives sans exprimer publiquement une opinion sur la conversion des rentes, nous avons cru devoir traiter cette question dans tous ses détails. Cette pensée ne nous serait probablement pas venue à l'esprit, si nous n'avions pas senti le besoin de combattre, dans l'intérêt de la France et de la vérité, les faux argumens qu'on a répandus avec une si inconcevable opiniâtreté.

Rassurés par cet exemple, et raffermis peut-être dans une opinion qu'ils croyaient ne pouvoir plus soutenir, d'autres feront ce que nous faisons aujourd'hui ; ainsi l'erreur enfantée , propagée , soutenue par la presse, finira par disparaître avec le secours de la presse ; ainsi, et conformément aux lois éternelles qui régissent les êtres collectifs comme les individus, l'abus aura fait naître le remède ; ainsi la partie de l'opinion qui fut momentanément égarée, reviendra à des idées plus saines, et il ne sera pas dit qu'une nation si éclairée n'a pas su juger une mesure si féconde en résultats utiles. On appréciera cette mesure ; on appréciera en même temps ceux qui l'ont présentée, ceux qui l'ont adoptée, ceux qui ont mis tout en œuvre pour la paralyser ; et peut-être qu'avertis par un exemple aussi frappant, peut-être qu'éclairés par un fait qui donne à la vérité tant de force et d'évidence, ceux qui montrent une foi si facile à des individus obscurs dont ils ne connaissent ni le nom, ni le mérite, ni les principes, ni l'âge, ni le savoir, et si difficiles, si inquiets, si rebelles aux conseillers de la couronne, aux pairs du royaume, aux élus de la nation, finiront par comprendre que, dans les conseils du fils de Louis XIV, du prince le plus aimant et le plus loyal qui fut jamais, on cherche autre chose que des jongleries politiques, des plans de séduction, des mesures subreptices, et des misérables à corrompre.

TABLE DES MATIÈRES.

DE L'IMPRIMERIE ROYALE.